बेख़ुदी

विपुल गुप्ता 'बेख़ुद'

notionpress.com

INDIA · SINGAPORE · MALAYSIA

रोता है तिश्नगी को हाथ में उसके जाम है,
ग़म और खुशी में फर्क, जिसके आगे तमाम है।

बेमतलब बातें करता है, दुनिया से अनजान है,
देखो कहना मत किसी को, 'बेख़ुद' उसका नाम है।

अनुक्रमणिका

आभार

आभार मेरी माता जी श्रीमती सुनीता गुप्ता और पिता जी श्री वेद प्रकाश गुप्ता जी का, जो मेरे प्रथम श्रोता बने। उन्हीं के प्रोत्साहन और सतत प्रयत्नशील रहने की सीख के कारण आज यह संभव हो पाया है।

मेरे सास और ससुर जी श्रीमती मिथलेश गर्ग एवं श्री राजेंद्र प्रसाद गर्ग जिन्होंने यह क़िताब प्रकाशित करने के लिए मेरा हौसला बढ़ाया।

विशेष उल्लेख मेरी धर्मपत्नी स्वाति गुप्ता का जिसने मेरा पूरा साथ दिया और हर तरह से इस प्रकाशन उपक्रम में मेरा समर्थन और सहयोग किया, एवं श्री राजीव गुप्ता जी (मेरे चचिया ससुर जी) जिन्होंने मुझे निरंतर प्रेरित किया और जिनकी प्रेरणा से ही मैं अपने समस्त अव्यवस्थित कार्य को एकत्रित करके इस पुस्तक का रूप दे पाया।

मेरे पुत्रों आलाप और अलंकार, समस्त परिवारजन, मेरे शुभचिंतकों एवं मित्रगण को समर्पित जो मेरे जीवन का अभिन्न अंग हैं।

प्रस्तावना

जिस सफ़र की शुरुआत, दसवीं की बोर्ड की परीक्षाओं में हिंदी का निबंध लिखते हुए अपने आप से दो चार पंक्तियां ये कह कर लिख देने से हुई थी कि 'किसी कवि ने सच ही कहा हैं', वो सफ़र आज इस मुकाम पे पहुंचा है कि स्वरचित कविताओं और ग़ज़लों का संकलन इस क़िताब के रूप में लेकर आया हूँ।

बाल्यकाल से ही गीत और कविता की ओर झुकाव का श्रेय मेरी माता जी को जाता है, जिनसे माखनलाल चतुर्वेदी जी और गोपाल दास 'नीरज' जी की बातें और कविताएं सुनने के साथ साथ, मैं जावेद अख़्तर और गुलज़ार साहब से भी प्रभावित हुआ और फ़िर ग़ालिब, मीर और तमाम हिंदी फिल्मों में गीत लिखने वाले कवियों और शायरों को पढ़ा और प्रेरित हुआ।

कभी कुछ अच्छा या बुरा महसूस हुआ तो वो लिख दिया। भाव व्यक्तिगत भी थे, सामाजिक भी और वैश्विक घटनाक्रम के भी।

और मुझे पता भी ना चला की कब मैंने कलम को दोस्त बना कर, लेखनी को अपने मन की व्यथा, उत्तेजना और उत्साह को व्यक्त करने का ज़रिया बना लिया।

पंद्रह वर्ष की आयु में अपनी पहली कविता लिखी और शीर्षक दिया 'जीवन', इसके उपरांत हर विषय पर कविता और ग़ज़ल लिखता चला गया। कभी अपनी डायरी में, कभी किसी कागज़ की कतरन पर और कभी अपने कॉलेज के रजिस्टर के पीछे वाले पेज पर।

संभव है इनमें कुछ रचनाएं कविता या ग़ज़ल की परिभाषा का पूर्णतः पालन न करती हों। ये रचनाऐं केवल मेरे भाव हैं, एहसास और अनुभव हैं जिनको मैंने गद्य, पद्य, ग़ज़ल या और किसी भी लेखन शैली का सहारा लेकर कागज़ पर उकेरने की कोशिश की है।

बिना हिंदी या उर्दू की सीमा में बंधे, और अपने सीमित भाषा ज्ञान का प्रयोग करके जो कुछ भी मैंने लिखा है वो सब इस क़िताब में आप सब के लिए प्रस्तुत कर रहा हूँ।

जीवन

जीवन भूलभुलैया इसमें,
महारथी खो जाते हैं,
पथ से अपने डिगें नहीं जो, तर इसके वो जाते हैं,
भौतिक इस संसार में, अमर वही कहलाते हैं।

जीवन नहीं पानी की धारा,
खोजे जो सदा किनारा,
जीवन नहीं बना गिरने को, जैसे आत्म नहीं मरने को,
लक्ष्य है इसका व्योम से ऊँचा, ऊँचा जैसा होता तारा।

जीवन जीना उसी का जीना,
जिसने त्याग महासुख पीना,
जैसे बादल जब आता है, सब कुछ धरती पर बरसाकर,
बस वायुरूप रह जाता है,

बादल का है ये त्याग महान,
कोशिश करो जीने वालों, तुम भी जियो बादल के समान।

जी चाहता है

आज दिल की बात मान लेने को जी चाहता है,
रह रह कर तेरा ख़याल, करने को जी चाहता है।

ना ख़बर हो दुनिया की न सुध अपनी ही हो,
बेख़ुदी में इतना, डूब जाने को जी चाहता है।

पाँव भी डगमगाने लगें तो कोई ग़म नहीं,
बस तेरी मस्त निगाहों से, पी लेने को जी चाहता है।

तू सामने मेरे बैठी हो, मेरी आँखों में तेरी आँखें हों,
पूरी ज़िंदगानी कुछ पलों में, जी लेने को जी चाहता है।

ख़्वाबों में तेरी हर अदा की शोखी देखी है मैंने,
आज रुबरू तेरे दीदार को जी चाहता है।

आज दिल की बात मान लेने को जी चाहता है,
तुझे चाहता हूँ कितना, तुझे कह देने को जी चाहता है।

आज फ़िर

आज फ़िर उस सूखे गुलाब से ख़ुशबू आई है,
वो रस्ते में होंगे, वो आते ही होंगे।

फिर वो नग़मा बारहा ज़बाँ पे आता है,
वो मौसम सुहाना भी लाते ही होंगे।

उन्होंने ख़्वाबों में आ आ कर, हमको नींद ही भुला डाली,
ख़यालों में कभी हम भी उनके, आते ही होंगे।

हमने एक ज़माना उनका ख़त पढ़ पढ़ के गुज़ारा है,
तस्वीर से वो भी मेरी, बतियाते ही होंगे।

बारहा: बार-बार

तुम भी मैं भी

जानते हैं ये पेड़ पौधे,
ये बाग़ बग़ीचे,
ये ठंडी हवाएं, ये काली घटाएं,

सावन में जो बूंद गिरती है पहली,
उसको भी पता है,

एक जो नहीं जानतीं, वो तुम हो।

चीख चीख के कहते हैं ये चाँद, ये सूरज,
ये बादल दीवाना, ये मौसम सुहाना,

सामने तुम्हारे बोलती हैं, मेरी ख़ामोशियाँ भी,

एक जो नहीं कह पाता, वो मैं हूँ।

गीत बनाता हूँ

फ़साना-ए-इश्क़ आँखों में लेकर तो जाता हूँ,
लेकिन नज़र तक तो मिला नहीं पाता हूँ।

दिल का भेद उन पर खुले भी तो कैसे,
न पूछे हैं वो कुछ, ना कुछ मैं बताता हूँ।

सुन ग़म-ए-दिल आज इक तर्ज-ए-मासूम सुना,
मैं भी जख़्मों को पिरो कर, इक गीत बनाता हूँ।

ऐसे ही मुसलसल कट रही है ज़िंदगी,
यादों की राह पे दूर जाकर, लौट आता हूँ।

इस बार शायद कोई मुझको सुन ले 'बेख़ुद',
फ़िर दबी ज़ुबान में, मैं आवाज़ लगाता हूँ।

1) मुसलसलः लगातार, 2) तर्ज-ए-मासूमः मासूम धुन

तरक़ीब

हाँ आते हैं ख़याल उसके, मुझे नींद नहीं आती,
मगर उस से ये कहने की हिम्मत नहीं आती।

करता हूँ इज़हारे मुहब्बत तसव्वुर में उनसे,
पर बात मेरे दिल की, होठों तक नहीं आती।

गलत सुना था, कि होती हैं आँखें दिल की ज़बाँ,
गर होता यूँ तो अब तक, वो समझ नहीं जाती।

काम बनाए हैं बहुत तिकड़मों से, लोगों के,
तरक़ीब कोई अपने लिए, नज़र नहीं आती।

तसव्वुर: कल्पना

नहीं सोचा था

नींद ना होगी आँखों में, एक पल को करार ना होगा,
कभी होगा ये भी हाल मेरा, कभी मैंने नहीं सोचा था।

जान को अजब सा रोग लगेगा, हर मुदावा मुहाल ही होगा,
ना होगा अपनी सोच पे काबू, कभी मैंने नहीं सोचा था।

आँखों में होगा इज़्तिराब, इंतज़ार में दिल ज़ार-ज़ार होगा,
कभी मुझको भी होगा प्यार, कभी मैंने नहीं सोचा था।

1) मुदावा: इलाज, 2) मुहाल: असंभव, 3) इज़्तिराब: बेचैनी

पहले आती है

पहले आती है याद उनकी,
फिर उदासी चेहरे पे छाती है,
ज़िंदगी रोज़ खुद को,
अब यूँ ही दोहराती है।

इतना भी ना कर सका,
भुला भी ना सका उनको,
अब तो मुझको खुद पर,
शर्म भी आती है।

अजब मुश्किल में फँसा हूँ,
क्या करूँ 'बेख़ुद',
मंज़िल मिलती तो है नहीं,
बस पास नज़र आती है।

ख़ुदा के वास्ते

ख़ुदा के वास्ते आज, मुझको बताए कोई,
भला चाहा सबका, क्यों मुझको सताए कोई।

संभल कर तैयार हूँ, एक और ठोकर खाने को,
देखें कब तलक आख़िर, मुझको गिराए कोई।

ना तमाम हो जफ़ा-ए-हुस्न, दुनिया बेनूर ना हो जाए,
इन्हीं की करामात से कोई रिंदा, शायर बने कोई।

एक ख़्वाहिश थी, दिल ही में जो रह गई,
मैं भी रूठूं किसी से, मुझको मनाए कोई।

मिल ही गया मुदावा 'बेख़ुद', मसाइल-ए-हयात का,
गर तवक़्क़ो ही ना रखो, किसको उठाए कोई।

1) जफ़ा: जुल्म, 2) रिंदा: शराबी, 4) मुदावा: इलाज, 3) मसाइल-
ऐ-हयात: जीवन की समस्याएं, 4) तवक़्क़ो: उम्मीद

कल आज और कल

मैं क्यों जियूँ उस कल में,
जो बदल नहीं सकता।
क्यों उस कल की याद में,
अश्रुधारा बहा दूँ,
उसकी गर्त में खुद को डूबा दूँ,
और गँवा दूँ आज यूँही।

मैं क्यों जियूँ उस कल में,
जो निर्धारित हो नहीं सकता।
क्यों उस कल की आस में,
स्वप्नमहल बना दूँ,
उस झाँसे में खुद को छला दूँ,
और गँवा दूँ आज यूँही।

मैं क्यों ना जियूँ आज में,
जो केवल मेरा है,
मैं कर्म करूँगा आज ही,
आज का लक्ष्य लेकर,
आज है मेरी मुट्ठी में, मैं इसको नहीं गंवाऊँगा।

ना पूछेगा कोई कल को, होगा अगर आज मेरा,
ना पूछेगा कोई कल को, होगा अगर आज मेरा।

बना लिया गर आज को अपना,
तो कल भी मेरा होगा।

दृढ़ निश्चय

किया निश्चय दृढ़ आज है मैंने,
कुछ करके दिखला दूंगा,

देश का मेरे मान, मैं सारी दुनिया में फैला दूंगा,

मिट रहे जो भाव हैं कोमल,
उनको पुनर्जीवन दूंगा,
प्रेम त्याग और राग का दीप,
हर एक दिल में जला दूंगा।

इंसाँ जो बन रहा जानवर, उसको फ़िर इंसान बनाऊँगा,
नफ़रत, द्वेष और स्वार्थ को, मन मस्तिष्क से मिटा दूंगा।

बनेगा फिर भारत नया, मुख पर वही अलौकिक तेज होगा,
जीवन लक्ष्य है, इस अमर पथ पर, काम आके दिखला दूंगा,

कुछ करके दिखला दूंगा।

दिल की हसरत

दिल में एक हसरत, छूने की उनको,
दिल में एक डर, कहीं दाग ना पड़ जाए।

मेरी एक तमन्ना, उनके पास आने की,
मेरा एक ख़ौफ़, फ़ासले और ना बढ़ जाएँ।

एक कोशिश मेरी, मरासिम पक्के हो जाएँ,
एक फ़िक्र मेरी, दरारें और ना पड़ जाएँ।

मेरी एक उलझन, हाल-ए-दिल सुनाऊँ कैसे,
एक घबराहट मेरी, उनको पता ना चल जाए।

मरासिम: रिश्ते

दुआ करो

हमको लुत्फ़-ए-हयात से, जुदा ना किया करो,
दौलत-ए-तबस्सुम लुटाने में, कंजूसी ना किया करो।

मेले में, अकेले में, क्यूँ मिल जाते हो हरसू,
गर नहीं चाहते हो मुझे, चाहत का भरम ना दिया करो।

क्या जाने सदाओं से किसकी, काम बने ख़स्त-ए-दिल का,
कभी तो मिले क़रार इसे, अब सारे मिलकर दुआ करो।

या तो याद ना आया करो, या ख़्वाबों में ना दिखा करो,
किसी वक़्त तो 'बेख़ुद' को, चैन से जीने दिया करो।

1) ख़स्त-ए-दिल: दिल का ज़ख़्मी, 2) लुत्फ़-ए-हयात: जीवन का आनंद, 3) तबस्सुम: मुस्कुराहट, 4) सदा: आवाज़

तस्कीं

बचाऊँ लाख, नज़र तेरी तरफ ही जाती है,
सोचता हूँ, ना याद करूँगा तुझको,
इस बहाने याद आ ही जाती है।

छा जाती है बेख़ुदी देखते ही तुझको,
उलझती है ज़िंदगी उतनी मेरी,
जितना तू अपनी ज़ुल्फ को उलझाती है।

जड़ हो जाता हूँ, चेतना मेरी सो जाती है,
जब एक पल को ही तू, मुस्कुराती है।

तिश्नगी से 'बेख़ुद', लगाव नहीं है मुझको,
पर तस्कीं भी तो अब पास नहीं आती है।

1) तिश्नगी: प्यास/उत्कंठा, 2) तस्कीं: तसल्ली/दिलासा

तुम ही तो हो

चाहे ग़ुस्सा हो या प्यार, मेरे पास मेरे यार तुम ही तो हो,
मिटाये ख़यालों का अंधेरा, वो रोशनी मेरे यार तुम ही तो हो।

बाकी सब नाम के रिश्ते, नाम के बंधन हैं,
मेरे जीवन का सारा प्यार तुम ही तो हो।

मेरी आँखों की शरारत तुम हो, मेरी कलम की ताकत भी,
मेरा आलिंगन, मेरा प्रेम, और मेरी तक़रार भी तुम ही तो हो।

जानता भी न था प्यार क्या है, कब और कैसे होता है,
जिसे दिल दिया पहली और आख़िरी बार वो तुम ही तो हो।

और है ही क्या, इस सूखे वीराने में,
मेरी ज़िंदगी की बहार, तुम ही तो हो।

तेरी हँसी

चाहिए क्या दीवानों को, इक फ़क़त तेरी हँसी,
माँगे क्या ख़स्त-ए-दिल कोई, इक झलक तेरी हँसी।

ग़म तक़लीफ़ें सोज़-ओ-रंज, सब काफ़ुर हो जाते हैं
तैरती है तबस्सुम लबों पर, याद आते ही तेरी हँसी।

क़ैद कर लूँ तेरी हँसी मैं, आज अपनी आँखों में,
आँख ना फिर खोलूँ कभी, देखूँ सदा तेरी हँसी।

हैं ख़ुदा की ओर से ये, तोहफ़े दुनिया के लिए,
एक तो गुल महकता हुआ, और इक तेरी हँसी।

तमन्ना-ए-दिल-ए-'बेख़ुद', बनके दुआ निकलती है,
मुकर्रर हो, मुकर्रर हो, मुकर्रर हो तेरी हँसी।

फ़क़त: केवल

अपना बना लेंगे

आता है गुरूर तो आने दो,
हम अपना सर झुका लेंगे।

तुम अपने नख़रे दिखाओ तो सही,
हम हर नाज़ उठा लेंगे।

तुम आज़मा के देखो एक बार,
ज़माने को दुश्मन बना लेंगे।

अभी दीदार करने दो फ़कत,
ख़ुदा को बाद में मना लेंगे।

देखें तो ज़रा

मैं अपनी सारी मोहब्बत, उनकी एक अदा पर लुटा दूँ,
वो एक प्यार भरी नज़र से, देखें तो ज़रा।

दिल चीज़ क्या है, जान इसी वक़्त लुटा दूँ,
तिरछी नज़र का तीर, इधर फेंकें तो ज़रा।

अपनी मोहब्बत से उन्हें, सब कुछ भुला दूँ,
वो दो घड़ी को पास मेरे, बैठें तो ज़रा।

कोई ग़म ना रखूँ सब दर्द भुला दूँ,
वो हालत दीवाने की आकर, देखें तो ज़रा।

नहीं जाना

इस कदर समझती हो, तुम मुझे जानाँ,
ख़ुद को भी जितना मैंने नहीं जाना।

वो राज़ और ख़्वाहिशें, जो छुपे थे दिल की तहों में,
कैसे खुल गए तुम पर, मैंने नहीं जाना।

तन्हा था मैं राही, मुख़्तलिफ़ सी मेरी राहें,
कब तेरी राहों से मिल गईं, मैंने नहीं जाना।

ऐसा सुकून मिला है, तेरी बाहों की पनाहों में,
रो-रो के दिल ये कहता है, कहीं मैंने नहीं जाना।

कविता

मैं तो अपनी ही रौ में कुछ कहता जा रहा था,
बाद में पाया तो कविता बन गई।

अपने एहसास अपनी पीड़ा, व्यक्त करना चाहता था,
किसी को सब सुनाया, तो कविता बन गई।

दर्द बहुत थे सीने में, खुशियों की भी कमी न थी,
लेकिन जम गए थे, समस्त भाव मेरे,

किसी स्पर्श की गर्मी ने उनको पिघलाया, तो बन गए वो आँसू,
एक-एक आँसू जब छलक के आया,
तो कविता बन गई।

जीवन की विषमताओं से दूर जाना चाहता था,
बनाना चाहता था भावनाओं की पनाहगार ऐसी,
कुछ देर चैन से बैठ सकूँ, जहाँ मीठी नींद ले सकूँ,
अंततः एक दिन आकार दे पाया, तो कविता बन गई।

और कुछ नहीं, इक छोटी सी घटना घटी,
बतियाते हुए एक दिन ज़िंदगी के साथ,
उसे प्यार से सहलाया, तो ज़िंदगी कविता बन गई।

ये भी वो भी

जो है अपना, यादों से अपनी, लुभा रहा है वो भी,
वो जिसकी कभी चाहत ना थी, याद आ रहा है वो भी।

जो सुना ना था कभी मैंने, वो सुन रहा हूँ अब,
जो ख़्वाबों में देखा था बस, नज़र आ रहा है वो भी।

जो बसा है दिल में, बनके यादें, निकल रहा है आँखों से,
जो अब तक अनजान था, दिल में समा रहा है वो भी।

दौड़ रही है ज़िंदगी, वास्तविकता की पटरी पर,
जो कल्पनाओं में था, बाहर आ रहा है वो भी।

एक तरफ साया है मेरा, एक तरफ़ मैं हूँ 'बेख़ुद',
विस्मित सा खड़ा हूँ मैं, कुछ हैरान है वो भी।

हँसने के बहाने

हँसने के बहाने ख़ुद लाख बना लेते हैं,
अपने रूठे दिल को हम आप मना लेते हैं।

धोखा देना किसी को, हमसे सीखे कोई,
कैसे ग़म-ओ-उल्फ़त, दोनों छुपा लेते हैं।

ख़ुदा के नाम से, सब काम मुकम्मल होते हैं,
हर बात से पहले हम, नाम तेरा लेते हैं।

इलाज हो कैसे, ख़ुद को ही गर उम्मीद न हो,
यूँ तो काबिल हकीम से, हम दवा लेते हैं।

दुनिया की है फ़ितरत, यारों दगा करना,
अपनी ये आदत, सबसे उम्मीद लगा लेते हैं।

अपना सबब-ए-तस्कीं, बेनुक्स काम करना,
नग़मा-ए-ग़म को 'बेख़ुद', सुर में गा लेते हैं।

1) सबब-ए-तस्कीं: संतोष का कारण, 2) नग़मा-ए-ग़म: शोक
का गीत

साकी

गई शराब जो मुँह में, ज़बाँ पे दिल की बात आ गई,
ऐ साकी मुझे, महबूब की याद आ गई।

आ बैठ सामने मेरे, जाम पर जाम पिलाए जा,
तुझे देख के पीने से, पीने में अलग बात आ गई।

ये नशा सारा फीका है, उस नशे के आगे,
मुझे होश अभी तक बाकी है, उन आँखों की याद आ गई।

अदा उनकी आँख उठाने की, लबों को अदा से हिलाने की अदा,
ख़याल उनका ज़ेहन में आते ही, मदहोशी सी छा गई।

अब मयकदा छोड़कर, जाने दे 'बेख़ुद',
लगता है महबूब से, मिलने की रात आ गई।

शुक्रिया

शुक्रिया ऐ दोस्त,
उन सब बातों का,

जो कही नहीं मुख से तुमने, लेकिन मैंने स्पष्ट सुनी हैं।

मुश्किल में तूने जो सहारा दिया, वह भी सुना है मैंने,
और सुनी हैं वो आहटें, आभास जो देती हैं,
तेरे आसपास होने का,

मैंने भी दिया है उत्तर, तेरी हर बात का,
और जानता हूँ तूने भी, वह सब सुना है।

कोशिश की है मैंने, तेरे हर एहसास को सुनने की,
फिर भी रह गया कुछ अनसुना, तो पुकारना छोड़ ना देना,
बस एक सदा और देना।

लाओगे जब ख़याल मेरा मुझे पास ही पाओगे।

रिश्ते मज़बूत होते हैं मौन आवाज़ों की निरंतरता लिए,
जो सुनी गई केवल,
शुक्रिया उस बातचीत के लिए।

वो आ जाए

ख़यालों में डूबा रहता हूँ जिसके,
सामने वो आ जाए,
फूल खिलें सहरा में,
एक पल में बहार आ जाए।

मुस्कुरा के देखे मुझको,
मुझे सब दर्द भुला जाए,
कलियाँ बिखेरे होठों से,
मेरा जीवन महका जाए।

मेरी आँखों की बेक़रारी,
उसको समझ में आ जाए,
मैं कोशिश करूँ छुपाने की,
पर दिल की बात वो पा जाए।

बंद आँखों से उसकी,
छवि नज़र आती ही है,
आँख जो खोलूँ तो,
नज़र क़रार पा जाए।

काश कि ऐसा हो जाए,
मुझे मिल जाए मेरी ज़िंदगी,
बेक़रार जीवन में,
उम्रभर का आराम आ जाए।

कहा करते हैं

ज़रा कुछ बोलें वो, ज़रा हँस दें, दीवानी दुनिया हो जाए,
दुनिया की ख़ैर को ही, वो चुप रहा करते हैं।

बात हो कभी बहार की, फूलों की, परियों की,
हम महफ़िल में नाम, उनका लिया करते हैं।

महक आमद की उनके, आए ना मुझको कैसे,
आहट ही से, बाग़-ए-दिल में, गुल खिला करते हैं।

उनको याद नहीं करना, ये रोज़ याद करता हूँ,
दीवाना हो गया 'बेख़ुद', मेरे यार कहा करते हैं।

आमद: आने की सूचना

ईनाम हो तुम

मेरी उम्र भर की, नेकियों का इनाम हो तुम,
मैं बरसों का प्यासा हूँ, भरा हुआ एक जाम हो तुम।

क्यूँ ना चाहूँ तुमको मैं ख़ुद से भी ज़्यादा,
मेरे लिए खास हो, फिर चाहे आम हो तुम।

दिल ही में क्यों रहे, तेरा फ़ितूर दिमाग़ में क्यों न पालूँ,
मेरे दिल के अंधेरे तहख़ाने का, जैसे रौशन बाम हो तुम।

बाम: मुंडेर

चैन मिले

कभी चलते चलते तन्हा, यूँ आके कहीं से वो मुझसे मिले,
ख़िज़ाँ का मौसम शबाब पे हो, गुल एक महकता जैसे खिले।

वो अधूरी कोशिश ग़ज़लों में मेरी, वो धुंधला चेहरा ख़्वाबों में मेरे,
निकला ना जिसका अक्स भी कलम से, कभी बनके नग़मा मेरे
होठों पे चले।

बिता दी उम्र जुनूं-ए-दीदार में जिसके, कहा सबने दीवाना मुझे
प्यार में जिसके,
मिले एक झलक उसकी, इक लम्हे को ही सही, इस बेताब धड़कते
को चैन मिले।

मायूस बहार

जा रही होकर मायूस, कल शब बहार थी,
थके कदम थे, झुकती नज़रें बार बार थीं।

कहा उसने देखा नहीं, ऐसा तो पहले कभी,
क्या मुस्कुराहट थी उसकी, और क्या निगाह थी।

जो पूछा सबने, तेरा नाम लिया और चली गई,
बड़ी दुखी थी कोई बेहतर पाकर, बड़ी शर्मसार थी।

मुहब्बत ना हो जाए

तुझे देखने से भी डरता हूँ,
मुझे तुझसे उल्फ़त ना हो जाए,

नूर-ए-रुख़्सार तेरा, चुरा तो लूँ मगर,
तेरे रूप से मुझे, चाहत ना हो जाए,

तूफान दिलों में लाती है जो,
ज़िंदगी में वो, आफ़त न हो जाए,

रह रह के निगाहें, तेरे चेहरे से हटाता हूँ,
डरता हूँ, तुझसे मुहब्बत ना हो जाए।

कुछ शेर - 1

1)

एक बार तेरा दीदार हुआ है, हुई एक बात है,
उस एक बार की बात का, असर देखना चाहिए,

ना मुझको ताउम्र चाहिए, यक कतरा-ए-मय भी,
जीने के लिए मुझे तो बस, बेख़ुदी ही चाहिए।

2)

करूँ तारीफ़ उस शायर की जितनी, उतनी कम है,
क्या ग़ज़ल लिखी है, कि पढ़-पढ़ के उसे लिखते हम हैं।

3)

तेरे मिलने की चाह में, ज़िंदगी ख़ाक में मिला दी मैंने,
सोचा था तू मुझे कभी तो मिल जायेगी ही,

अब तो मिल जा, कि आख़िरी यही हसरत है,
सामने खड़ी है वो मिलने को, जो अबके मिल के जायेगी ही।

4)

थक गया हूँ सुनते सुनते, नाले इस दिल के बरसों,
अब इस नामुराद बाजे को, बंद कर ही देना चाहिए।

है ज़िंदगी ये क्या मेरी, एक दर्द की लंबी दास्ताँ,
करके ख़त्म ये दास्ताँ अब, दास्ताँ बन के जीना चाहिए।

5)
राह चलती रहे, रहे ख़याल उनके आने का,
कहीं ना आँख लगे,
ना सही महबूब अभी, कुछ देर और,
रक़ीब ही सही।

6)
देखा तुम्हें तो जाना, ये दुनिया अपने हुस्न पे इतराती क्यों है,
मिज़गां-ए-बहार झुक जाते हैं क्यों कभी,
माहताब भी कभी शर्माता क्यों है,

क्यों चहकती हैं कोयलें, ये गुल मुस्कुराते क्यों हैं

फ़रिश्ते रोज़, किसी बहाने से, ज़मीं पर आते क्यों हैं।

7)
ना बज़्में ना दौलत, ना बादा-ओ-जाम,
ज़िंदगी में अंदाज़-ए-हुस्न हैं बस काम के,

बात उनकी जो बात आँखों में कह जाते हैं,
हम तो यार शायर हैं बस नाम के।

8)
नाआशना स्वाद-ओ-बू से इसके बेशक हूँ मैं,
मय नाम है जिसका, लहज़ा-ए- इंसाँ पे असर से वाक़िफ़ हूँ मैं।

9)

अब समझा मफ़्हूम इस इल्तिफ़ात का,
फ़क़त दो कौड़ी लगा दाम, बेमोल जज़्बात का।

10)

ना समझो ज़ख़्म-ओ-सोज़-ए-दिल से 'बेख़ुद' घबरा जायेगा,
तुम जानो की जितने हैं ये ज़ख्म, अभी उतने कम हैं।

11)

ना दे तू दर्द-ए-दिल से राहत, तवक्क़ो हम ना छोड़ेंगे,
फ़ितरत तेरी ख़राब है गर, आदत अपनी भी ठीक नहीं।

1) रक़ीब: दुश्मन, 2) मिज़गां: पलकें, 3) नाआशना: अपरिचित,
4) इल्तिफ़ात: मेहरबानी

क्या पाया मैंने

उसको इस दिल में जिस दिन से बसाया मैंने,
हर वक़्त इसको तड़पता हुआ पाया मैंने।

आरज़ू और, ख़्वाब और, ठहरते भी तो कहाँ,
उससे मिलकर सीने में, दिल को ही ना पाया मैंने।

मुँह फेर लिया है उसने बेगानों की मानिंद,
जब हाले दिल कभी, उसको सुनाया मैंने।

रूठा जो उससे मैं, किसी बात पर कभी,
हार कर फिर उसको ही, अक्सर मनाया मैंने।

ना पिघल सका हाय, दिल सितमगर का,
ख़ून-ए-दिल को, आँखों से भी बहाया मैंने।

चले गए

लाती हैं मौसम, जो बहारें, चले गए,
वो सारे दिलकश नज़ारे, चले गए।

तुम मेरे हमदम, नहीं गए अकेले,
मेरे जीने के, सब सहारे चले गए।

तुम गए, तो आए, आँखों में अश्क मेरे,
अश्क जो आए तो, ख़्वाब सारे चले गए।

ले देके अपने पास, ये ग़म ही बचा है,
कहते थे जिनको, हम हमारे, चले गए।

सुनते नहीं हैं जानकर, सुनने के बाद भी,
ये जानकर भी, उनको पुकारे चले गए।

इंसाँ

क्या सोचता है, क्या होता है,
और क्या कर पाता है इंसाँ,
बस किस्मत के ही भरोसे,
चलता जाता है इंसाँ।

सपने भी हैं, ख़्वाहिशें भी,
आशाएँ भी, उम्मीदें भी,
अब ये अलग बात है,
क्या क्या, पूरा कर पाता है इंसाँ।

अपेक्षाएँ, इच्छाएँ, मान, अपमान,
समाज, दिखावा, झूठा सम्मान,
इन सब के आगे, झुक जाता है इंसाँ।

फ़साना फ़क़त मेरा नहीं,
ना केवल तुम्हारा है,
ज़िंदगी बिताने के लिए,
क्या से क्या, बन जाता है इंसाँ।

कहानी निर्धारित है पहले से,
किरदार तय हैं पहले ही,
सफल वही है जो कि,
अच्छे से, निभा पाता है इंसाँ।

कोई तो

इस अंधेरे में, नज़र आए कोई तो,
मैं गिरता हूँ, हाथ बढ़ाए कोई तो।

अब नहीं कटता, ये ग़म का सफ़र अकेले,
दूर हो ये तन्हाई, पास आए कोई तो।

कहता तो है ये दिल, धीरे से बहुत कुछ,
कोई सुन रहा है चुपके से, ये बताए कोई तो।

सही नहीं जाती ये मरघट सी ख़ामोशी,
कोई तो जागे अब, गीत गाये कोई तो

ज़बाँ चुप रहती है, जब बात करती हैं निगाहें,
जो कहा नहीं गया 'बेख़ुद', समझ जाए कोई तो।

पुकार

सूरत दिखा दो एक बार, ज़ुल्मत को रौशन कर जाओ,
देकर क़रार पल भर का, मुझे बेक़रार कर जाओ।

वो है ही ऐसी ख़ूब-रू, के जी चाहता है,
उसे देखते ही रहो, सब कुछ निसार कर जाओ।

आओ सरगोशी से, मेरे दिल के वीराने में,
और चुपके से, इसको बहार कर जाओ।

कैसा ज़ुल्म है ये, और ये कैसी मनमानी,
कि दवा तो दे ना सको, और बीमार कर जाओ।

कौन, कहाँ, कब सुन ले, 'बेख़ुद' सदा तुम्हारी,
जिस दर से गुज़रो, इक बार पुकार कर जाओ।

1) ज़ुल्मत: अंधेरा, 2) ख़ूब-रू: हसीन चेहरे वाला

तुम कहाँ गईं

इस निर्जीव नीरस मन में, नवचेतना का संचार कर,
दो घड़ी को मुझसे प्यार कर,
तुम कहाँ गईं,
तुम कहाँ गईं।

जड़ मन मेरा बहने लगा जब, हृदय कविता कहने लगा जब,
मीठी बातें दो चार कर,
तुम कहाँ गईं,
तुम कहाँ गईं।

निर्बलता कहूँ इसको मेरी या, कहूँ दोष किस्मत का,
पल में मुझको अनजान कर,
तुम कहाँ गईं,
तुम कहाँ गईं।

भूला तो नहीं था

महक मेरी साँसों में तो कम ना हुई थी,
तेरा गुल-ए-रुख़ ख़िला तो, यादों को महका गया।

भूला तो नहीं था मैं कुछ भी लेकिन,
तेरा चेहरा देखा आज तो, याद बहुत कुछ आ गया।

दिन भर तेरा ख़याल रहा, और मैं बेहाल रहा,
कितने दिनों के बाद, आज मज़ा फ़िर आ गया।

मुझको गुमाँ हो चला था उनके सूख जाने का,
कहाँ से आज जाने, पलकों में पानी आ गया।

वही लम्हे जिनको याद करके मुस्कुराता था,
एक-एक लम्हा आज, याद आया तो तड़पा गया।

तू जहाँ रहे हँसती रहे, दुखों से दूरी बढ़ती रहे,
मेरे बदन का रोम-रोम, दुआ में उठता चला गया।

गुल-ए-रुख़: चेहरे का फूल

ना रुका

ना रुका ये ज़िंदगी का खेल चलता जा रहा है,
फिर कोई गया दूर मुझसे, फिर कोई पास आ रहा है।

अब मुमकिन ना होगा, मेरी आँखों में धूल झोंकना,
आँखें बंद करके देखा, सब साफ़ नज़र आ रहा है।

मैं तन्हा और वो है ग़ैर के साथ फिर भी,
उसको ख़ुश देखकर कितना सुकून आ रहा है।

उसे मिले चाहत उसकी, इस दुआ के साथ,
मेरी चाहत ना मिलने का, धीरे-धीरे ग़म जा रहा है।

कितनी अजीब है दुनिया, एक मेरी हालत पे,
कोई है ग़मगीन तो, कोई लुत्फ़ भी पा रहा है।

कशमकश में हूँ 'बेख़ुद' कैसे निकलूँ उलझन से,
मैं पुकारता हूँ किसी को, कोई मुझको बुला रहा है।

देखेंगे

माँगे नहीं मिलता कुछ भी, बिन माँगे सब मिल जाता है,
सुनते तो आए लेकिन, अब आज़मा के देखेंगे,

उनकी ख़ातिर उनकी तमन्ना, दिल से मिटा के देखेंगे।

समझाया दिल को बहुत, पर याद ये उनको करता है,
नाकामियों के बावजूद, फिर बहला के देखेंगे।

वाक़िफ़ है कायनात सारी, मेरे इस फ़साने से,
आज इरादा किया है, उनको भी बताके देखेंगे।

सीख जाओगे

सीख जाओगे दर्द-ए-दिल सहना, अब जो यहाँ पे आए हो,
बज़्म-ए-इश्क़ है, यहाँ तोहफ़े में ग़म मिला करते हैं।

ना बर्क ही चमकती है, ना शजर हिला करते हैं,
क़ाबिल-ए-उल्फ़त जो होते हैं लोग, एकदम मिला करते हैं।

लौट जाओ अज़ीज़ों, ना इक कदम भी बढ़ पाओगे,
राह-ए-ख़ार-ए-उल्फ़त है, यहाँ दीवाने चला करते हैं।

अपने ऊपर ज़ोर है 'बेख़ुद', जब तक होश है मुझको,
क्या करूँ ख़्वाबों में वो, गर दिखा करते हैं।

1) बज़्म-ए-इश्क़: मोहब्बत की महफ़िल 2) शजर: वृक्ष, 3) राह-
ए-ख़ार-ए-उल्फ़त: मोहब्बत की कांटो भरी राह

बनाते-बनाते

मेरी दुनिया बदल गई, तेरी तस्वीर बनाते-बनाते
एक ग़ज़ल बन गई, तेरी तस्वीर बनाते-बनाते।

जाने मैं नादान हूँ, या अय्यार ज़माना,
हर बात खुल गई, मेरी छुपाते छुपाते।

अभी तो दास्तान-ए-इश्क़ की, इब्तिदा ही थी,
कि सहर से शब हो गई, सुनाते सुनाते।

हर एक ग़म को, जुदा कर दिया मैंने
मसर्रतें चुरा लीं, नग़मा-ए-ग़म को गाते गाते।

न हमदम ही चाहिए, ना चारागर ही अब मुझको,
मेरे ज़ख़्म भर गए, दवा के आते आते।

कमबख़्त दिल को कराऊँ, ऐतबार-ए-हक़ीक़त कैसे,
क्यों आने का वादा, कर गए वो जाते-जाते।

ज़ख़्म दिल के अब, छुपाए ना छुपेंगे,
गहरे और हो गए, निशाँ मिटाते मिटाते।

1) अय्यार: बहुत अधिक चालाक, 2) इब्तिदा: शुरुआत, 3) सहर
से शब: सुबह से शाम, 4) मसर्रतें: खुशियां, 5) चारागर: चिकित्सक

इश़्क़

भड़की थी आतशे उल्फ़त, बेरुख़ी से कभी,
मुसलसल तगाफुल ने काम लेकिन,
पानी का कर दिया।

मेरे इश़्क़ को हाथों से मसलना चाहते थे वो,
अपने ही पावों से ये काम, आज मैंने कर दिया।

अहसाँ किया था तुम पर, तुम मानो या ना मानो,
की बंदगी इस कदर, कि तुमको ख़ुदा कर दिया।

अब क्या लेने आए हो, कुछ बाकी नहीं मेरे पास,
मेरी वफ़ा का खून तो, पहले ही कर दिया।

चलता हूँ दुनिया से, अब मैं यहाँ बेकार हूँ,
प्यार बाँट दिया दुनिया में, काम पूरा कर दिया।

तगाफुल: उपेक्षा

कभी याद कर लेना

ना कोई ग़म ना गिला, मैं तेरी दुनिया से चला हूँ,
बस ये अरमान लिए, कभी ख़याल मेरा भी कर लेना।

ख़यालों के जिस आईने में, मैं तुमको देखा करता था,
दीदार की मेरे इच्छा हो तो, नज़र उसी पे कर लेना।

तेरी उम्मीद में अपना, हर सपना मैंने तोड़ा है,
कभी किसी सपने में ही, बस याद मुझे तुम कर लेना।

मेरा जाना सफ़ल हो जाएगा, बस काम तुम इतना कर देना,
मेरी ख़बर पे झूठे को ही, आँखों में दो आँसू भर लेना।

कभी याद मुझे तुम कर लेना।

ज़ख़्म

ज़ख़्म ऐसा दिया मुझको, ना जीते बनता है ना मरते बनता है,
तुझे भूलूँ तो कैसे भूलूँ, ना तुझको याद करते बनता है।

सौ ग़म समेटे, मेरे दिल की हालत अजीब सी है,
ना तो ये चुप हो पाता है, और ना ही धड़कते बनता है।

ख़्वाबों में तू ही दिखती है, खुली आँखों से नज़र चेहरा तेरा आता है,
रातों को उठ के बैठ जाता हूँ, ना जागते और ना सोते बनता है।

दर्द तेरी यादें देकर, दिल के टुकड़े हज़ार करती हैं,
ना हँसी लबों तक आती है, न छुप-छुप के रोते बनता है।

बनके नासूर, दास्तान-ए-बेवफ़ाई तड़पाती है, ज़बाँ पे आ ना पाती है,
गर उगलूँ तो तेरी बदनामी है, ना ये कड़वा जाम पीते बनता है।

अकेले हो तो क्या

तुम अकेले हो तो क्या,
पथ भूले हो तो क्या,
हर बस्ती से पहले रस्ता, अनजान है कि नहीं।

क्या हुआ सफलता का गर,
कभी स्वाद नहीं चखा,
वो चरम आनंद पाने का, अरमान है कि नहीं।

यथार्थ के धरातल पर,
इरादों की दीवारें, उन पर सपनों का छज्जा है,
सर्व सुंदर मज़बूत, कहो ये मकान है कि नहीं।

इन हाथों पर विश्वास करो,
स्वयं को पूजो एक बार,
फिर देखो अपने में इक भगवान है कि नहीं।

कह दिया होता

इनकार मुझे उन्होंने किया, भूल से होगा,
होता ये गुमाँ दिल में, तो कितना अच्छा होता,
कसक का आलम ये तो ना होता,
कि हो जाता इक़रार, अगर इज़हार किया होता।

गुफ़्तगू आँखों आँखों में, हाँ इनाम-ए-राह-ए-शौक़ है,
लेकिन दर-ए-मंज़िल, ज़बाँ को खोला भी तो होता।

कोसता तक़दीर को या, दुहाई मुहब्बत की देता,
उसे देख ग़ैर के साथ, पछता तो ना रहा होता।

सोचता था, जब जानेंगे वो तो क्या सोचेंगे,
अब याद भी नहीं मैं, जो भी होता इससे अच्छा होता।

खौफ़ज़दा दिल ना कह पाया कुछ भी, पर एक बात तो तय है,
कि हो जाता इक़रार, अगर इज़हार किया होता।

दर-ए-मंज़िल: मंज़िल का दरवाज़ा

ज़िंदगी

कितनी आज़ादी है इस शब्द में, ज़िंदगी।
कितना उल्लास है जीने में, अपनी ज़िंदगी।

जैसे चाहे जियो, हमारा अधिकार है इस पर,

लेकिन कौन जी पाता है अपने मुताबिक?
जीना पड़ता है परिस्थितियों के अनुसार,
ढालना पड़ता है ख़ुद को वक़्त के साँचे में।

अधिकार कहाँ है ज़िंदगी पर...।

जैसे कोई हमसे सब करवा रहा है,
और हम कठपुतली जैसे, बस नाचते रहते हैं।

हर एक मोड़ पर एक अलग ज़िंदगी जीते हैं,
नाटक सी बनकर रह जाती है,
एक बेबस ज़िंदगी।

जीना पड़ता तो है दूसरों के मुताबिक,
दूसरों के लिए,
लेकिन कुछ पल अपने लिए,
निकाल लेने का नाम है ज़िंदगी।

किसी को खुशी दे जाना है ज़िंदगी।

अपनी मुस्कुराहट से जो बिखेरी जाए,
उस सुगंध का नाम है ज़िंदगी।

खुली आँखों से नहीं दिखते कई पहलू इसके,
आँखें बंद करके दिखती है, ख़ूबसूरत ज़िंदगी।

क्या मैं अकेला हूँ

मैं प्रेम चाहता हूँ,
चाहता हूँ प्राणी को प्राणी से प्यार हो,
परस्पर सौहार्द चाहता हूँ,
क्या मैं अकेला हूँ?

विश्वशांति की तमन्ना है,
उम्मीद है एक, मन में इक विश्वास है,
इस अनिश्चित दौड़ में,
क्या मैं अकेला हूँ?

मैं तम मिटाना चाहता हूँ,
स्वयं को जलाना चाहता हूँ,
चाहता हूँ दुखों का नाश हो,
क्या मैं अकेला हूँ?

इसको जीवन ध्येय बनाकर,
मैं आगे बढ़ना चाहता हूँ,
वीरान जंगल से आगे, बस्ती को जाना चाहता हूँ,
क्या मैं अकेला हूँ?

ज़रा सुनो, कुछ पदचाप सुनाई देती है,
मद्धिम सी ज्योति दिखाई देती है,
कुछ समविचारों की महक भी है, शायद अकेला नहीं हूँ मैं।

बाकी ना रहा

उन्हें गए देर इतनी हो चली,
इंतज़ार तो क्या, प्यार बाकी ना रहा।

मेरी उल्फ़त से, गिनगिन के बदला लिया,
अब दिल पे कोई, इल्ज़ाम बाकी ना रहा।

गर्द-ए-ग़म से ढक गई, राहे हयात इस कदर,
ख़ुशी का कोई, निशान बाकी ना रहा।

कह दिए शायद, शेर जितने कहने थे,
तरकश-ए-'बेख़ुद' में, कोई तीर बाकी ना रहा।

1) गर्द-ए-ग़मः दुखों की धूल, 2) राहे हयातः जिंदगी की राह

चुना जाएगा

कभी आह भी ना निकली किसी सितम पर भी,
तो ख़ंजर घोंपने पे उफ़ को भी, जुर्म ही गिना जाएगा।

यही तो कीमत है सहने की, अमन के लिए चुप रहने की,
आख़िरकार कुसूरवार भी, तुमको ही चुना जायेगा।

जब अपना हक माँगे बिना भी खुश रह सकते हो,
तो हर भीख को भी तुम्हारा, इनाम ही गिना जाएगा।

तुम करते ही हो ये काम इतने अच्छे से, चुप रह के,
अगली कुर्बानी के लिए भी, तुमको ही चुना जायेगा।

बहला दिए

इसी अदा से उन्होंने, हम सदा बहला दिए,
मेरे नाम पे चुप लेकिन, पूछा उसके बारे में तो धीरे से मुस्कुरा
दिए।

अब समझ में आ गई, वजहें तग़ाफुल की मुझको,
अब समझा हर बात में क्यों, कई बहाने बना दिए।

क्या मालूम था हमको, वो हँसते होंगे पीछे से,
हमने तो दीवानगी में, सब दिल के राज़ बता दिए।

मैं देखा करता था वो सूरत, पूनम के चाँद में,
उन्होंने एक झटके में, दिन में तारे दिखा दिए।

करता है दिल मेरा, अपनी हालत इस तरह बयाँ,
एक कहानी ख़त्म हुई, तो सौ अफ़साने बना दिए।

'बेख़ुद' मशहूर हुए गुनहगार इस तरह,
हम कुछ ना बोले और उन्होंने, सब इल्ज़ाम लगा दिए।

तग़ाफुल: उपेक्षा

मिटा दिया

कई बार कुछ लिखा फिर वो मिटा दिया,
मैंने तुमको जो लिखा, बार बार मिटा दिया।

सोचा बताऊँ तुमको, तुमसे कितना प्यार है,
जब देखा तेरे माहौल को, वो सब मिटा दिया।

जो तू है मेरे लिए, मैं ख़ुद नहीं जानता,
इसलिए तुझको लिखने से, पहले ही मिटा दिया।

ख़ुद को समझा, महसूस किया, और बहुत कुछ लिखा,
क्या सोचती हो मेरे बारे में, वो सोच के सब मिटा दिया।

कैसे बताऊँ तुमको, की तुम क्या हो मेरे लिये,
जब नहीं लिख पाया सब कुछ, तो जो लिखा था मिटा दिया।

प्रेम

प्रेम का दरख़्त, काट देने से मरता नहीं है,
जब लगने लगा कि मैंने उसे पूरी तरह उखाड़ दिया,
तभी देखा वहीं से, नई कोपलें निकल रही हैं।

फाड़ देने से तस्वीर, अक्स मिटा नहीं करता,
बेख़ुदी के आगोश में चार लकीरें जो खींचीं,
तो पाया वहाँ पे, छवि उसकी ही उभर रही है।

सोचा भूल जाऊँगा, तो गुफ़्तगू भी उससे छोड़ दी,
कुछ अरसे बाद आज, गौर किया तो पाया,
मुँह से बेलगाम मेरे, बात उसकी ही निकल रही है।

भावनाओं को कोई कैसे भी रोक नहीं सकता,
बाँध लिया था मैंने खुद को एक अनचाहे बंधन में,
तसव्वुर की गर्मी से देखो, कुछ ज़ंजीरें पिघल रही हैं।

तसव्वुर: कल्पना

क्या कहिये

मुहब्बत वो गर हमसे करते,
हम शिक़वा-ऐ-तग़ाफुल करते,
हम हैं ही नहीं ख़यालों में, कोई और बात अब क्या कहिए।

दिल में होता तो है,
बहुत कुछ और कहने को,
सामने क्या मुँह से, निकलता है क्या कहिए।

भाव रह जाते हैं दिल में,
बोल रुक जाते हैं लब पर,
वो बोले हैं इस अंदाज़ में, कि कहिए तो क्या कहिए।

जाने किस बात की,
मिलती है सज़ा ऐसी,
मुहब्बत के सिवा, क्या ख़ता है, क्या कहिए।

शिक़वा-ऐ-तग़ाफुल: उपेक्षा की शिकायत

बेख़ुदी कुछ और दो

जामों से नहीं मिलती तस्कीं, मुझे बेख़ुदी कुछ और दो,
एक झलक दिखा दो यार की, फिर मुझे अकेला छोड़ दो।

गर यूँ ही रहा तसल्ली में, तो बेकार हो जाऊँगा,
कुछ मसाइल-ओ-शौक़ का रुख, मेरी तरफ को मोड़ दो।

मंज़िल कुछ दूरी पे है, शफ़क़ तक उड़ के जाना है,
हर हद से आगे आओ, हर ज़ंजीर को तोड़ दो।

रक्स-ऐ-जुनून दिखाने को, मुझे वुसअतें चाहियें,
तुम ज़रा ऐसा करो, दोनों जहाँ को जोड़ दो।

जो जम जाते हैं मंज़िल पर, इतिहास नहीं बनाते हैं,
जो जहाँ रोके 'बेख़ुद', उसे वहीं पे छोड़ दो।

1) तस्कीं: तसल्ली/दिलासा, 2) मसाइल-ओ-शौक़: परेशानी और जूनून, 3) शफ़क़: सुबह अथवा संध्या के समय आकाश में छाने वाली लाली, 4) रक्स-ऐ-जुनून: जुनून का नृत्य, 5) वुसअतें: फैलाव

फ़िर से जी चाहता है

ना बोलो कुछ और ना पूछो, कि क्या जी चाहता है
संभाले हुए टुकड़े अरमानों के, बिखेर देने को जी चाहता है।

साया उस शोख़ का, अब भी आता है ख़यालों में,
बस ज़रा इक हाथ बढ़ा कर, उसे पा लेने को जी चाहता है।

याद तो वो आते हैं अक्सर, लेकिन आज ना जाने क्यों,
कांधे पे किसी के सर रखकर, रो देने को जी चाहता है।

ये तो ग़म-ए-ज़िंदगी है, ज़िंदगी के साथ ही जायेगा,
बहुत हुआ अब इस ग़म से, छूट जाने को जी चाहता है।

तसव्वुर

तसव्वुर-ए- जानाँ से, सोज़-ए-दिल तो कम हो जाती है,
राहत नहीं तस्वीर से, तसल्ली तो मिल ही जाती है।

इतना दुश्वार भी नहीं, बिन महबूब के जीना,
बेसुध पड़े रहो खयालों में,
कट जाता है दिन, रात भी बीत ही जाती है।

अब तो हर आहट पे, लगता है कि वो आए,
जागती नहीं तक़दीर मगर, उम्मीद जाग ही जाती है।

कितना ही थाम के रखो, ढलता ही है सूरज,
कितनी ही कोशिश करूँ, तेरी याद आ ही जाती है।

दिल बहलाने की 'बेख़ुद', जब होती नहीं कोई सूरत,
जिस दीवानगी ने डुबोया मुझे, फिर काम आ ही जाती है।

1) तसव्वुर: कल्पना, 2) दुश्वार: मुश्किल

नाआशना

हूँ ख़स्त-ए-सितम-ऐ-यार यूँ, आईने से नाआशना हूँ,
फ़िर जोश-ओ-जुनूं-ऐ-इश्क जगाने को,
मरहम-ए-निगाह एक, बहुत है।

वादा है तो आयेंगे ज़रूर, वो रस्म-ए-मुहब्बत निभाने को,
अब आतिश-ए-ग़म-ए-दिल बुझाने को,
मुगालता ये नेक बहुत है।

इक तमन्ना है, हो जाऊँ फ़ना, हँसते हुए इसी दुनिया में,
वरना तो दुनिया तेरे नाम से,
आगे भी बहुत है।

1) मुगालताः ग़लत-फ़हमी, 2) नाआशनाः अपरिचित

शाम हो गई

एक तेरे तसव्वुर से, सब मुश्किलें तमाम हो गईं,
तेरी याद आती रही, सुबह से शाम हो गई।

दीवानगी ऐसी छाई, तेरे नाम की मुझको,
सब आशनाईयाँ बाकी, अनजान हो गईं।

तेरे ख़याल ने इक पल को, मेरा साथ ना छोड़ा,
तनहाइयाँ भी मेरी, कद्रदान हो गईं।

और किन लफ़्ज़ों में, तेरी तारीफ़ करुं,
कोई परी जैसे, इंसान हो गई।

इश्क़ के रोग ने जो मुझको, घेर लिया 'बेख़ुद',
सारी समझदारियाँ, नादान हो गईं।

कुछ शेर - 2

12)

कोई खड़ा करे मुझे, उसके दर पे जा सकता हूँ मैं,
इक बार सी दे, जिगर फिर चाक कर सकता हूँ मैं,

मिले आराम ज़रा, नाला और ख़ींच सकता हूँ मैं,
बताओ कौन कहता है, हालत मेरी ठीक नहीं।

13)

बुरे ऐसे भी नहीं हैं, वले क्या बात है जाने,
क्यों अपनों में भी अपनापन नहीं मिलता।

14)

क्या ख़ूब आज दिल को फिर चकमा दिया,
उन्हें ग़ैर के साथ देखा किया, आँखों को फिर मूंदा किया।
उठ 'बेख़ुद' कुछ काम तो कर, भला या बुरा,
जो पूछे ख़ुदा, कहेगा क्या, सिवा उल्फ़त क्या किया।

15)

कैसी तन्हाई ग़म कैसा, हर लम्हा पास वो मेरे रहते हैं,
उनको याद भी ना आएं, बात हम उनसे करते रहते हैं।

16)

देख कर अदा-ए-नाज़, जो बेख़ुदी मुझे छाई थी पहली बार,
तुम्हें क्या बताऊँ मुझको, उसकी ख़ुमारी आज भी है,

यूँ तो सही लगता है 'बेख़ुद', शक्ल-ओ-लहज़ा-ए-गुफ़्तार से,
पर देख परी रुख़, बावरा होने की बीमारी आज भी है।

17)

मिल ही गए तुम आज मुझे, सद दुआओं के सदके,
नाआशना नहीं रुख़ से मैं तेरे, हाय तसव्वुरात के सदके।

18)

फ़ुर्क़त में तेरी क्या करूँ, आतश-ए-दिल मुझे जीने नहीं देती,
क्या करूँ तेरे मिलने की ज़ालिम तमन्ना, गर मरने भी नहीं देती।

19)

ये चाहत बीमारी ही ऐसी है,
आप हँसते हो, ज़माना रोता रहता है,
दवा इसकी नहीं होती कोई,
ज्यों ज्यों बीमारी बढ़ती है,
इलाज होता रहता है।

20)

ख़यालों की ख़ुमारी में डूबा चला क्यों जाता हूँ,
या तो रुका रहता हूँ कहीं या चलता चला जाता हूँ,

देख कर हुस्न, मैं शेर पढ़ा करता था कभी,
तुझे देख के शायरी सब, भूल भला क्यों जाता हूँ।

21)

दीदार-ऐ-हुस्न-ए-बेमिसाल ना होता, मैं भी होता ख़ुदा परस्त
अब यूँ पड़ा हुआ हूँ, काफ़िरों को टोली में,

कैसे कह दूँ देख तुझे, भूल गया खुदाई,
यकीं तो जाके अब हुआ है, जन्नत के होने में।

22)

सूरत ना जाती थी आँखों से, कभी होता था ये भी
सूरत ना देखी बरसों से अब हालत है ये भी।

याद

अब मुझे तू याद कभी, ना आए तो अच्छा है,
इस दिल को तेरी याद, नहीं तड़पाए तो अच्छा है।

उम्मीदें मिट गईं सारी, मंदिर सपनों का ढह गया,
इसमें आशा का दीप कोई, अब ना जलाए तो अच्छा है।

आवाज़ दिल के टूटने की, गूंजती रहती है कानों में,
फिर आवाज़ कोई ऐसी, ना आए तो अच्छा है।

ख़ुश रहे तू जहाँ रहे, अब भी करूँगा दुआ यही,
पर कभी तू सामने अब, ना आए तो अच्छा है।

बाँध रखे हैं जज़्बात अपने मैंने कच्ची डोर से,
ये बाँध कभी ना टूटने पाए, तो अच्छा है।

अब मुझे तू याद कभी, ना आए तो अच्छा है।

कब रोऊँ

वो तो लाज़मी है, बस सोचना ये पड़ता है कि,
सुबह रोऊँ या शाम रोऊँ,

अब कारण इतने हैं कि समझ नहीं आता,
आज किस बात पे रोऊँ।

या तो मान लूँ ये ही है,
और ऐसा ही होता है,
या फिर सोच-सोच कर,
हर बात पे रोऊँ।

फिर सोचता हूँ, अच्छा ही है,
जो हो रहा है, और जो होगा,

क्यों मैं जो हुआ है अब तक,
हर उस बात पे रोऊँ।

ख़्वाबों की दुनिया

ख़्वाबों की दुनिया, जाने कौन सी माया है,
कल्पनाओं का खेल है, तमन्नाओं की छाया है,

कहाँ है ये दुनिया ना कोई जान पाया,
लेकिन लुत्फ़ इसका हर शख़्स ने उठाया है।

हर लम्हा जो जीना चाहो,
बस आँख मूंद कर वैसा ही जी लो,
हर इंसान इस दुनिया का आप शहंशाह है,
आप ही वज़ीर, आप ही हर बाशिंदा है।

हर हुक्म यहाँ अपना ही चलता है।

लेकिन सिर्फ़ ख़ुशी ही नहीं मिलती यहाँ,
हर ख़ौफ़ भी दिल का, ख़्वाबों में ही झलकता है।

मंज़िल

वो भी एक मंज़िल थी, ये भी एक मंज़िल है,
ग़म ये भी गुज़र जाएगा, ग़म जैसे वो गुज़र गए।

इसी राह पर आती हैं, ख़ुशी की मंज़िलें भी,
जिस राह से अभी, ग़म के ठिकाने गुज़र गए।

ग़म को हल्का करना, कोई हमसे सीखे 'बेख़ुद',
दो शेर लिख दिए, सब जज़्बात निकल गए।

आज हूँ सामने, तो नहीं पूछते मुझको,
पूछते फिरेंगे कल को, किधर गए, किधर गए।

होने में

देर नहीं लगती, फ़र्श को अर्श होने में,
बस इक हवा चाहिए, शरार को आतिश होने में।

गर हो तो कुछ ऐसा करो, ना होने पे दुनिया याद करे,
वर्ना रखा क्या है, इस ना होने से होने में।

इंतज़ार-ए-ताबीर-ए-इश्क़, मुख्तसर नहीं होता,
देर लगती ही है, वादा-ए-हुस्न वफ़ा होने में।

भाती है मुझको भी, ये ही अदा उनकी,
आता है उनको लुत्फ़ गर, मुझसे ख़फ़ा होने में।

राहे शौक़ में उस शख़्स को दीवाना कहते हैं,
सिर्रे-ए-मसर्रत है जिसका, फ़ना होने में।

विसाल के बाद फ़ुर्क़त से, तो दूरियाँ अच्छीं,
जान जाती है मेरी, उनसे जुदा होने में।

जैसा हूँ वैसा ही हूँ, बदल तो ना मैं पाऊंगा,
इक उम्र लगी है 'बेख़ुद', अपने जैसा होने में।

1) अर्श: आसमान, 2) सिर्रे-ए-मसर्रत: ख़ुशी का राज़, 3) ताबीर:
नतीजा, मुख्तसर: लघु/ अल्प, 4) फ़ुर्क़त: जुदाई, 5) शरार: चिंगारी

पतंग

एक पतंग उड़ाई थी मैंने,
रिश्तो की पतंग।

हवा भी अच्छी थी,
डोर भी मज़बूत थी,
पतंग उड़ती जा रही थी,
ऊँची और ऊँची,
इधर-उधर हिचकोले खाती,
बढ़ती जा रही थी।

मेरी ख़ुशी का पारावार न था,
ऊँची पतंग को देखकर मैं इतराता था,
अपनी पीठ आप ही थपथपाता था,

अभी ख़ुशी में झूमते देर भी ना हुई थी
कि आकाश में बदली छा गई,

हवाएं तेज़ हो गईं, पतंग उतारने के सिवा कोई रास्ता ना था,

यह सोचकर मन उदास हो रहा था, गर्जन बढ़ने लगी थी,

दुखी मन से डोर खींचने लगा, पतंग उतारने लगा,
पतंग देखता जा रहा था, डोर खींचता जा रहा था,

बस नीचे आ ही गई थी... कि मौसम साफ़ हो गया,

हवा भी मंद हो गई,
मैं ख़ुश था, पतंग फिर से उड़ सकती थी,

लेकिन जब नीचे देखा तो पाया, डोर उलझ चुकी थी,
आपस में उलझ कर गुच्छा सा बन गई थी,

वह अब पतंग उड़ाने लायक न थी...

एक हाथ से पतंग और एक हाथ से डोर थामे मैं हताश खड़ा था,
पतंग नहीं उड़ सकती थी,

मैं सोच रहा था,

काश के बदली छाई रहती...।

क्या करूँ

तुम्हें भूल जाऊँगा मैं, आसान बहुत ये काम है,
पर दिल में जो जज़बात हैं, मैं उनका क्या करूँ।

कुछ बोल दिया तुमको, कुछ ग़ज़लों में ढल गया,
बचा रहा बहुत कुछ, मैं उसका क्या करूँ।

तुम्हें भूल जाऊँगा मैं, आसान बहुत ये काम है,
पर लेते ही साँस, तू याद आए है क्या करूँ।

जुल्मत-ए-फुर्कत से ना, आफ़ताब कोई लड़ पाए,
रौशन है ज़िंदगी, शरार-ए-याद से क्या करूँ।

हर लम्हा जो साथ गुज़ारा था, बाग़-ए-दिल में है नौबहार की तरह,
पतझड़ में भी ना बाग़ ये, उजड़ पाए है क्या करूँ।

तुम्हें भूल जाऊँगा मैं, आसान बहुत ये काम है,
बस जाने क्यूँ, जान पे बन आए है, क्या करूँ।

1) जुल्मत-ए-फुर्कत: जुदाई का अँधेरा, 2) शरार: चिंगारी

इधर आना कभी

तुम इधर आना कभी
और वो सब ले जाना
जिस पर अधिकार शायद मेरा नहीं।

तुम ले जाना वो बातें, जो सुनी मैंने,
पर तुमने कही नहीं,
और वो मंज़र जो यादों में हैं लेकिन,
इन आँखों ने देखे कभी नहीं।

तुम ले जाना वो एहसास जो बस महसूस किए मैंने,
संजो रखे हैं सब वो पल, जो जिए नहीं कभी मैने।

जो देखे खुली आँखों से, वो ख़्वाब भी तुम ले जाना,
और जो छवि बसती है दिल में तुम्हारी,
उसको भी तुम ले जाना।

इन्ही सब से तो बनता हूँ मैं,
मेरे भीतर और कुछ भी नहीं,
तो फिर काम तुम एक यूँ करना,
मुझको जीने की ख़ातिर,
ग़म और कई तुम दे जाना।

तुम इधर जरूर आना।

नहीं चाहता

अब और इस दिल को मैं, बहलाना नहीं चाहता,
पर क्या करूँ, सच भी बताना नहीं चाहता।

शायद इसी कशमकश का, नाम है ज़िंदगी,
वो भूल भी नहीं सकता, जो याद करना नहीं चाहता।

ज़माने का रिवाज़ है, उठोगे गिरा कर ही,
मैं उठना चाहता हूँ, गिराना भी नहीं चाहता।

है ज़िंदगी मेरी अब, ख़्वाबों के ही सहारे,
इसलिए ये रात मैं, बिताना नहीं चाहता।

वो सब जो चाहा मैंने, मिल सका ना कुछ भी,
किस उम्मीद पर बताऊँ, मैं क्या नहीं चाहता।

तुम देखना

ये ना समझना, इस दिल ने तड़पना छोड़ दिया,
माहौल माकूल मिल जाए, फिर इसके जलवे देखना।

दो दर्दमंद तन्हा, करते हैं बातें इस तरह,
मेरा चाँद को और, चाँद का मुझको देखना।

लाएंगी ना इतना भी असर, मेरी आहें क्या,
आयेगी एक दिन, दर्दों की कज़ा देखना।

जब पाँव बढ़ा दिए आगे, तो छोड़ दीं सारी मंज़िलें,
क्या सोचना उनके बारे में, अब मुड़के क्या देखना।

दाद नहीं बस ज़रा से, दर्द-ओ-ग़म और देदो,
अशआर में आती है, क्या धार फिर देखना।

1) कज़ा: मृत्यु, 2) अशआर: दो या दो से अधिक शेर

मैं भी

कौन जान सका है भला, आशिक़ों के दिल की,
मेरे दिल में तुम क्या हो, नहीं जानता हूँ मैं भी।

दोनों हैं इंतज़ार में, वो बस ज़रा सा पास आएं,
कुछ फासले पे तुम भी, कुछ फासले पे मैं भी।

आशिक़ों की बदहाली पर, ये आँखें रोई हैं बहुत,
ठानी है करूँगा, इक रोज़ इश्क़ मैं भी।

जिन्हें हो अक्ल की कमी, वो किया करते हैं इश्क़,
हाँ यूँ ही बेख़िरद, हो गया था मैं भी।

माँगो सच्चे दिल से, तो मिल सकता है कुछ भी,
लेकर तेरी तमन्ना, माँगूँगा दुआ मैं भी।

तेरी आरज़ू दिल से, मिटा भी नहीं मैं सकता,
इस दिल के हाथों बहुत, मजबूर हूँ मैं भी।

जिस राह-ए-शौक़ से, कोई ना वापस आया है,
इक बाँकपन से उस पर, चल रहा हूँ मैं भी।

अंजुमन-ए-हयात में, बस यूँ समझ लीजै 'बेख़ुद',
आज़ाब आने वाला है, तैयार खड़ा हूँ मैं भी।

1) बेख़िरद: बेअक्ल, 2) अंजुमन-ए-हयात: ज़िंदगी की महफ़िल,
3) आज़ाब: तूफ़ान

मैं कहाँ जाऊँगा?

लाचार ये निगाहें लिए, रुक-रुक कर फड़कती बाहें लिए,
मैं कहाँ जाऊँगा?

मैं क्या कुछ कर पाऊंगा?

कितने ही मेरे जैसे हैं, आग धधकती है सीने में,
कहता नहीं कोई लेकिन, मज़ा नहीं है जीने में,

हिंसा का नंगा नाच है, दबती हर इक आवाज़ है,

ऐसी ये दुनिया आज है, इसका अंत कहाँ पाऊंगा।

मन आशाओं में खोता है,
एक दौर है ये, ऐसा होता है,
नया दौर भी आएगा, प्रेम हर दिल में जगाएगा।

ख़याल एक झकझोर देता है,
आशा हर इक तोड़ देता है, कंपा देती ये सोच है,
आने वाला दौर बद से बदतर ही पाऊंगा,

मैं तब कहाँ जाऊँगा?

नहीं होता

मुस्कुरा के मिले हर शख़्स जो, अपना नहीं होता,
यकीन किसी पर ख़ुद के सिवा, अब नहीं होता।

रखता हूँ तेरे मिलने की, उम्मीद यूँ तो सदा,
हाँ उतना मुझसे इंतज़ार, अब नहीं होता।

दो-चार भी निकल जाएँ ख़्वाहिशें, तो गनीमत समझो,
जो सोचा हो मन में, कभी वो सब नहीं होता।

महफ़िल में ख़ुद को तन्हा, ना समझूँ तो क्या करूँ,
जब जिसकी ज़रूरत हो, वो तब नहीं होता।

समय की चक्की

जब समय की चक्की चलती है,
यादों के दाने भी सारे, पिस ही जाते हैं।

दूरियाँ कई बार ऐसा कहर भी बरपाती हैं,
अवचेतन से भी, निशाँ अपनों के, मिट ही जाते हैं।

मुलाकात भी स्मृतियों में, जब ना रहे,
चेहरे तो ऐसे में फिर, भूल ही जाते हैं।

साथी पुराने छूटने का ग़म तो होता है,
हर राह पे साथी नए मगर, मिल ही जाते हैं।

आए क्यों थे

पहुँच सकूँ ना जहाँ उम्रभर,
उस राह पे कदम बढ़ाए क्यों थे।

जिन्हें टूट के गिरते देख ना पाऊँ,
वो ख़्वाब दिल में सजाए क्यों थे।

गर छुपना था तुमने मुझसे यूँ ही,
एक बार सामने तुम आए क्यों थे।

अब तेरे हँसने पर सोचता हूँ,
तुझको ज़ख्म-ए-दिल दिखाए क्यों थे।

यादों के साए

ज़ख़्म जो सी लिए थे हमने, आज फिर उभर आए हैं,
परेशां करते हैं मुझे मरने भी नहीं देते, तेरी यादों के वो साए हैं।

मुद्दतें गुज़रीं मगर, तेरा मुस्कुराना याद है अब तक,
हर बात में नज़रें झुकाना, अब तक भूल नहीं पाए हैं।

तेरी जुदाई ने समझाया, तू क्या है मेरे लिये,
वक़्त बिताया है फ़क़त, तुझ बिन जी कहाँ पाए हैं।

तू भी आजा ऐ सनम, सब रुस्वाइयाँ छोड़कर,
इक कसम तोड़कर हम, फ़िर तेरी गलियों में आए हैं।

पहले भी कभी

क्यों लगता है ऐसा, की देखा है तुझे पहले भी कभी,
कर चुका हूँ बातें तुझसे बहुत सी,

सुनी है तेरी ये खनकती आवाज़ कई बार पहले,
मिल चुके हैं हम कई बार, पहले भी कभी।

ये ख़ुशबू मैंने महसूस की है, किसी फूल में शायद,
इन आँखों की गहराई को नापा हैं, शायद किसी झील में,

इन आँखों में झांक कर देख चुका हूँ पहले भी,
देखकर मेरी तरफ़ तू मुस्कुराई है, पहले भी कभी।

क्यों लगता है कि ये मुलाकात नई नहीं है,
गुज़रे हैं ऐसे ख़ूबसूरत लम्हे पहले भी कभी,

क्यों लगता है जैसे ये बातें भी पुरानी हैं,
कर चुका हूँ तुझसे ये सब बातें, पहले भी कभी।

चाहा था

चाहा था हम चलते रहें, बस प्यार के सहारे,
तू चाहे ना चाहे, मुझको ये सहारा बहुत है।

शिकवा मैं कोई तुमसे कर नहीं सकता,
तुम जानती हो, मुझको तुमसे प्यार बहुत है।

क्या हुआ गर आज मेरे पास नहीं हो तुम,
तुम्हारे पास ही होने का एहसास बहुत है।

क्या होता गर यूँ होता, या फिर गर होता यूँ,
जब दिल दीवाना होता है, तो सोचता बहुत है।

हो रहा है

तुझे देख के गुलाबी रंग में,
जैसे मौसम भी गुलाबी हो रहा है...

तेरी आँखों की गहराइयों में डूब ही गया हूँ,
समा बिन पिए ही शराबी हो रहा है...

तेरे मेरे बीच में कुछ तो ख़ास है,
यह रिश्ता तेरा मेरा नायाबी हो रहा है...

मैं देखता रहता हूँ तेरे अधरों को एकटक,
तसव्वुर में तेरी ज़ुल्फ़ों में हाथ फिराता हूँ,
पहले काबू में रहता था दिल मेरा,
अब तो मामला खराब ही हो रहा है।

क्यों

हर निगाह में नफ़रत क्यों है,
त्याग स्वार्थ से हारा क्यों है,
हर ज़बाँ पे बेबसी, आँख में लाचारी क्यों है,
दिल में बेक़रारी, हर तरफ़ मारामारी क्यों है?

इन सब 'क्यों' का जवाब क्या है?

अरे! यह तम कैसा छाया है? ये कहाँ से आया है?
ये तो बढ़ता जा रहा है, ज्योति को निगलता जा रहा है।

क्या इसका कोई इलाज है?

गर नहीं इलाज तो बीमारी मिटा दो,
नहीं 'क्यों' का जवाब, तो वो प्रश्न ही मिटा दो।

मिटेगा ये 'क्यों' कैसे? ये तम कैसे छंटेगा?

इक दीप जलाना होगा।

तो जलाओ वो दीप, वो कहाँ मिलेगा? कैसे जलेगा?

मिलेगा कहीं नहीं, वो दिल में जलाना होगा,
मुश्किल नहीं है बस, प्रेम का भाव जगाना होगा।
मैंने इक दीप जलाया है, तुम भी इक दीप जलाओ।

हर जीव से आयेगा प्रकाश, तब तम मिट जायेगा।
कहीं न होगा अंधेरा, जग सारा जगमगाएगा,

ना रहेगी उत्तर की दरकार, जब प्रश्न ही मिट जायेगा...,

ना रहेगी उत्तर की दरकार, जब प्रश्न ही मिट जायेगा।

चलते जाना काम है मेरा

ख़्वाबों का पिटारा हूँ,
कितनों के सहारे हूँ, कितनों का सहारा हूँ,
उम्मीदों पे टिका हूँ, इरादों का अंगारा हूँ,

इन्हीं राहों पे हरदम, ख़्वाबों को हक़ीक़त में बदलते हुए,
चलते जाना काम है मेरा।

हर इक कदम बढ़ा कर गर्वित हो जाता हूँ,
हर मंज़िल से आगे बढ़ कर, मैं फिर खो जाता हूँ,

ये गर्व, हर्ष, ये बढ़ने का उन्माद लिए हुए,
ख़्वाबों के जल से आँखों को नम किए हुए,
चलते जाना काम है मेरा।

बाधाएं कितनी ही आयेंगी, आगे मेरी राहों में,
मगर लेकर जुनून इरादों का, अपनी बाहों में,

हर भय को दूर भगाकर, विश्वास का दीप हिय में जलाकर,
चलते जाना काम है मेरा।

भागमभाग

सब भाग रहे हैं,
मैं भी भाग रहा हूँ...।

जिसे पता है कहाँ भागना है वह भी,
और जो नहीं जानता... वह भी भाग रहा है।

अनजानी गलियाँ हैं, अंधेरे रास्ते हैं,
पता नहीं कहाँ... सबसे पहले पहुंचना है।

नियम नहीं हैं इस दौड़ में, स्वीकृत है सब,
डराना, गिराना..., केवल एक उद्देश्य है,
आगे निकलना है।

कोई जानता नहीं कहाँ ख़त्म होगी यह दौड़,
इसका क्या अंजाम होगा...,

जानते हैं तो केवल इतना,
प्रत्येक जीत या हार का हासिल,

एक नई दौड़ है...।

कुछ तो समझें

ना रह पाएंगे बिन मेरे,
इस बात को तो समझें।

ना समझें मुझको ना सही,
अपने आप को तो समझें।

ना जा पाएंगे वो, ये यकीन है मुझको,
इस मासूम दिल के, जज़्बात को तो समझें।

छुपी है गहरी बात कोई, ज़रा गौर से देखें,
नाईत्तेफ़ाकन मुसलसल मुलाकात को तो समझें।

एक ख़याल

आज एक ख़याल आया, फिर मैं धीमे से मुस्काया
सोचा मैंने भूल जाऊँ, पर तमन्ना बस गई मन में,

मैंने दोबारा सोचा, फिर अपने ही दिल से प्रश्न पूछा,
वो हुस्न की मल्लिका, हज़ारों जिसके चाहने वाले,
लब जिसके फूलों से हसीन, आँखें जिसके मय के प्याले,
चाल जिसकी मदहोश कर जाती है,
मुस्कुराहट तो बस जान ही ले जाती है,

जिसकी एक नज़र की हसरत में, होड़ लगी है जन्नत में,
क्या आ सकती है मेरे जीवन में,
क्या हो सकता है कि चाहती हो वो मुझे,
मन ही मन में...

मेरे दिल ने सोचा, फिर समझा,
मेरी बात को तोला, फिर दिमाग टटोला,
और कुछ हैरान होकर बोला,

मियां ख़्वाब बहुत देखते हो, वो भी दिन में...।

शायद

दिल मेरा बेक़रार, है कई रोज़ से,
आपके मनाने से, मान जाए शायद।

सोचता हूँ सीने से, निकाल कर ही दे दूँ,
तब हाले दिल मेरा, वो जान जाए शायद।

डरते नहीं हैं अहल-ऐ-दिल, बाज़ी-ए-इश्क़ में,
जानते हैं इस खेल में, जान जाए शायद।

अब भी जाता रहता हूँ, उन गलियों में अक्सर,
कभी हार कर वो मुझे, पहचान जाए शायद।

बदलते हैं मरासिम भी, मौसमों के जैसे,
कोई अपना अब होकर, अनजान जाए शायद।

मरासिम: रिश्ते

राहें खो गईं

दूर-दूर ढूंढा उनको, पर राहें कहीं खो गईं,
करती रहीं आँखें इंतज़ार, फिर थक कर सो गईं।

ऐसे भागती हैं यादें, दिल के खाली मैदान पर,
पता ही नहीं लगता, कब ये आयी, कब वो गईं।

दिल की बहुत तमन्ना थी बेक़रार होने की,
इस बार ये हसरत भी, जी भर के पूरी हो गई।

तुम आते हो

एक ख़ुशनुमा एहसास है होता,
जब पास मेरे तुम आते हो,
तमन्ना जीने की जी उठती है,
जब नज़र मुझे तुम आते हो।

जाने कितने गुलाब हैं खिलते,
जब धीरे से मुस्काते हो,
हवाओं में घुलती है ख़ुशबू,
जब इधर गुज़र के जाते हो।

ये वक़्त भी थम सा जाता है,
जब पलकें तुम उठाते हो,
मुझे मदहोशी सी छाती है,
जब मुझसे नज़र मिलाते हो।

याद करूँ जब तुमको,
बेचैन मुझे कर जाते हो,
यादें तुम्हारी बख़शती नहीं दिन में,
तुम ख़्वाबों में बहुत सताते हो।

तुम

मेरा गीत तुम हो, ग़ज़ल मेरी तुम हो,
हर शेर मेरा, नज़्म हर तुम हो।

दिल के मेरे साज़ पे जो बजती है, वो सरगम तुम हो,
हर ज़ख़्म की मेरे, मरहम तुम हो।

दिल मेरा, दिल की धड़कन तुम हो,
हर आरज़ू मेरी, मेरी तड़पन तुम हो।

फूल तुम हो, बहार तुम हो,
चाहता है दिल जो करार, तुम हो।

हर चोट तुम हो, हर दर्द तुम हो,
हर सोच तुम, हर याद तुम हो।

मेरी हर तमन्ना, हर जुनून तुम हो,
मेरे प्यासे जीवन का सावन तुम हो।

ख़्वाब तुम हो, मेरा हर ख़याल तुम हो,
तुम्हें क्या कहूँ, बेमिसाल तुम हो।

हर कसम तुम, हर वादा तुम हो,
मेरी ज़ीस्त के दरिया तुम, मेरे नाख़ुदा तुम हो।

मेरे दिल का हर ख़ुमार तुम हो,
दिल करता है जिस से प्यार... तुम हो।

1) ज़ीस्त: जीवन, 2) नाख़ुदा: नाविक

हसरत

मेरी ज़िंदगी ये क्या होती,
गर ना तुझको देखा होता मैंने,

अटकी यूँ ही कहीं होती,
गर ना तुझको देखा होता मैंने।

इच्छा, तमन्ना सब भाव मिट गए,
तुझको इक बार देखकर,

हसरतें सिवा तेरे भी कई होतीं,
गर ना तुझको देखा होता मैंने।

कुछ शेर - 3

23)

सिसकी अटकी है गले में,
नहीं निकलती तो क्या,
अश्क रुकते हैं पलकों पर,
नहीं टपकते तो क्या,

मालूम था इब्तदा में ही,
ये तो होना ही था,
क़रार तेरे दिल का 'बेख़ुद',
लाज़मी था, खोना ही था।

24)

हम मर ही गए होते, गर उनसे बात ना होती, लेकिन
फिज़ा होती खुशगवार, जो मुलाकात ही ना होती,

बात वही होती है बेहतर, जो होती है सरगोशी से,
दिल के टूटने की भी 'बेख़ुद', आवाज़ नहीं होती।

25)

हर शै में तेरा चेहरा, माना ख़ता-ए-उल्फ़त है,
हर गुल तेरी ख़ुशबू से मगर महकता क्यों है।

26)

किसे चाहत है उस मय की, शाम ढले पे जो असर छोड़ दे,
ताउम्र पुरकैफ़ हो जाए, हम कायल है नज़रों के उसे जाम के।

27)

मेरे हिस्से में ग़म और सही, तुझसे मिलने इतने ही थे,
उल्फ़त, अदावत जो सही, निस्बत के दिन इतने ही थे।

28)

ना थे तजुर्बात, बस करके एतबार-ऐ-तसव्वुरात लिखता था,
इश्क़ होने पे हुआ मालूम, क्या शौक से कुल्फ़त भरी बात लिखता
था।

खिलते हैं दिल में फूल या शरार, तो बनके सुखन बेबाक निकलते हैं,
गए वो दिन जो बराये हुनर, दिखाने को वस्फ़ की ताब लिखता था।

29)

चलना होता है मुझको, दुनिया से चार कदम आगे,
जो मंज़िल है ज़माने की, जाना है मुझे उससे आगे,

अजब दौड़ है 'बेख़ुद', मैं आगे निकल ही नहीं पाता,
मेरी मंज़िल दौड़ती है, मुझे चार कदम आगे।

30)

हमको चले आने का कोई ग़म नहीं,
दर्द ये है, किसी ने पुकारा नहीं।

हम जिए इस यकीं पर कि हम हैं सबके,
ये बात और है, कोई हमारा नहीं।

प्यार भला वो क्या करेंगे, उनको तो,
हम चाहें उन्हें, ये भी गवारा नहीं।

1) इब्तदा: शुरुआत, 2) पुरकैफ़: नशे से भरपूर, 3) अदावत: शत्रुता, 4) निस्बत: सम्बन्ध

करते रहे

देख कर ख़िज़ाँ, बहार-बहार करते रहे,
सहरा-ए-दिल को ऐसे ही, गुलज़ार करते रहे।

जानते थे कि, दुख देगा ख़ुद को ही,
फिर भी दिल को, बेक़रार करते रहे।

उसने दिल बहलाने को, किया था वादा हमसे,
और हम दिल को थामे, ऐतबार करते रहे।

इस दिल को समझाने को, कुछ तो करना था,
एक उम्मीद झूठी, बार-बार करते रहे।

और हमारे बस में, था भी क्या ' बेख़ुद',
यही कर सकते थे, इंतज़ार करते रहे।

1) ख़िज़ाँ: पतझड़, 2) सहरा-ए-दिल: दिल का रेगिस्तान

सपना

सपने देखना भी सपना ही हो गया है,
अब नींद कहाँ आती है, कि सपने देखूँ,

मैं अटका हुआ हूँ अभी, भूत भविष्य के बीच में,
जो हो चुका है, उसपे यकीं आये तो सपने देखूँ,

ग़म उठाने हैं अभी, अभी सामान उठाना है,
अभी इतनी ताकत कहाँ, कि सपने देखूँ।

सोच रहा हूँ

सोच रहा हूँ दो चार दिन की छुट्टी ले लूँ,
जब काम रहता है तो, तसल्ली से रो नहीं पाता।

जो तुम चाहो वो ही समझ लो, बेहतर है,
जो बता सकूँ ऐसी बात पे, रो नहीं पाता।

आधी रात में, घुप अंधेरे में, मैं क्या करूँ बताये कोई,
एक बार नींद टूट जाए, तो अब मैं सो नहीं पाता।

करना ही पड़ेगा, जो सोचा ही नहीं करने का,
जो सोचा हो, यक़ीन करो वो हो नहीं पाता।

घुंघरू

कितनी भावनाएं,
खुशी, ग़म, टीस, उद्वेलित हो रही हैं मन में,

नहीं कोई अपना जिसको सब बता सकूँ,
लेकिन भीतर भी तो बात रह नहीं पाती,

भावाभिव्यक्ति का माध्यम क्या केवल जिव्हा है?

बस कुछ पल और...

जब पग में बंधेंगे घुंघरू,
मनोभाव समस्त नृत्य भंगिमाओं में दर्शित होंगे,

हर ताल, हर राग के साथ मिलकर,
कहेंगे घुंघरू मेरी कहानी,

हर्ष होगा मुख पर, एकाकी का मलाल ना होगा,

बस कुछ पल और।

यादों पर पहरा

उसके नाम का ज़ख़्म है दिल पर,
लेकिन इतना गहरा तो नहीं है,

ख़याल तो आते ही हैं उसके,
यादों पर कोई पहरा तो नहीं है।

मुझे मोहब्बत उनकी रूह से थी,
क्या वास्ता जुल्फ़-ओ-निगाह से,
वो ख़ुशबू मेरी साँसों में है,
क्या हुआ सामने गर, वो चेहरा नहीं है।

दो पल की मोहलत मिले, तो ज़रा देख कर आता हूँ,
मेरा कोई हिस्सा अब तक, उसी मंज़र में ठहरा तो नहीं है।

व्यक्तित्व

समय बदलने के साथ बदलता है बहुत कुछ,
सोच भी बदलती है इरादे भी,
मंज़िलें भी बदल जाती हैं, रास्ते भी,
शौक के साथ बदल जाती हैं आदतें तक।

इस सब के बावजूद, एक चीज ऐसी है,
जो बचाए रखती है व्यक्तित्व को बदलने से।

सब बदलने के बाद भी, व्यक्ति नहीं बदलता,
अगर चरित्र नहीं बदलता है,
वो दिखता है सोच में, और बदलती आदतों में भी झलकता है।

चरित्र वो नींव है, जिस पर टिका है व्यक्तित्व का भवन,
अगर मज़बूत हो नींव, तो भवन ज़लज़लों में भी नहीं हिलता है।

तुम भी हो

इतना तो तय है कोई, यूँ ही ना मुझको भायेगा,
दिल ने तुमको दिलकश पाया, शायद हुनरमंद तुम भी हो।

मैं ढूंढ़ता रहता हूँ, कोई हमज़ुबाँ कोई पाक-दिल,
तुमसे बातें करके पाया, ज़रूरतमंद तुम भी हो।

मुझे परवाह है जज़्बातों की, और रिश्तों की,
तुम्हारी भी बातों से ज़ाहिर है, फिक्रमंद तुम भी हो।

मैं लालची हूँ अच्छों का, उनको पास ही रखता हूँ,
तुमने मुझको दोस्त बनाया, अक्लमंद तुम भी हो।

मैं आऊँगा

मैं आऊँगा, मैं वापस आऊँगा।

प्रत्येक हार के बाद, हर तिरस्कार के बाद,
पुनः प्रयत्न से कौन मुझे रोकेगा?

हर आँसू को हँसी बनाने,
हर आह को ख़ुशी बनाने,

फिर से किस्मत से टकराने,
मैं वापस आऊँगा।

बिछड़ेगा हमराह कोई तो,
सैंकड़ों और मिलेंगे,
बंद होगा एक रास्ता,
तो दसियों और खुलेंगे,

मंज़िल ख़ुद निर्धारित करके,
रस्ता एक नया बनाने,
ख़ुद को मंज़िल तक पहुंचाने,
मैं वापस आऊँगा।

सीने में गढ़ती आँखें लेकर,
आँखों में छलकता सागर लेकर,
देर तक मौन ना बैठूंगा,

लेकर किरणें आशा की,
सूर्य एक नया बनाने,

जीवन अंधियारा मिटाने,

मैं वापस आऊँगा।

आ गई

था जिसका इंतज़ार, आख़िर वो घड़ी भी आ गई,
वो सुन रहे थे और, दिल की बात ज़बाँ पर आ गई।

क्या असर हुआ उन पर, इसको अभी से क्या कहिए,
एक लकीर ज़रूर तबस्सुम की, होठों पर थी लहरा गई।

मुस्कुराना तो माशाल्लाह, आँख दिखाना भी क़ातिल,
क्या जाने फ़िर कौन सी, अदा उनकी भा गई।

उनकी आँखें

उन आँखों को देखा है मैंने,
भोली सी सूरत पे बड़ी सी आँखें,

होंठ चुप पर कुछ बोलती सी लगती हैं,
पर्दे कितने खोलती सी लगती हैं, वो खामोश आँखें,

जाने कितने राज़, कितनी बातें, कितने दर्द,
चुपके से बयाँ करती हैं, मासूम सी आँखें,

जो कुछ छुपा के रखा था, सब ज़ाहिर हो जाता है,
उनको ख़ुद ख़बर नहीं होती जब,
मुझसे गुफ़्तगू करती हैं उनकी आँखें।

मजबूरियां

आह भरके रह जाना पड़ा, सिसकी को पी जाना पड़ा,
मजबूरियां ऐसी भी आईं कि, जलता था घर अपना,
और देखते रह जाना पड़ा।

धरे रह गए अज़्म सारे, झूठी हो गई कसमें,
जब बुलाया कज़ा ने, छुड़ा के हाथ जाना पड़ा।

जीने की ख़ातिर फ़क़त, एक बहाना ही चाहिए,
ख़ुशी नसीब ना हुई, तेरे ग़म को अपनाना पड़ा।

तक़दीर का खेल देखो, जानता था सच मैं भी,
दिल बेचारे को मगर, उम्मीदों से बहलाना पड़ा।

तमन्ना-ए-इज़हार में, दिन रात कटते थे मेरे,
लेकिन जो वक़्त आया तो, चुप रह जाना पड़ा।

1) अज़्म: इरादा, 2) कज़ा: मृत्यु

क्या करें

ग़म-ए-ज़िंदगी लाई इस मोड़ पर क्या करें,
बैठे हैं मयखाने में तनहा क्या करें।

मेज़ प्याला साक़ी सब वही है लेकिन,
बिना दोस्त आती नहीं वो बात क्या करें।

लगता है मानो गुनाह किया है आज अकेले पीकर,
घूरती हैं ऐसे मुझको शराब क्या करें।

गुबार-ऐ-दिल निकलता है, जाम टकराने के साथ,
गूंजती नहीं आज, वो आवाज़ क्या करें।

यारों का साथ था, तो घड़ियाँ भी तेज़ चलती थीं,
कटती नहीं है आज, ये रात क्या करें।

आया नहीं

मेरा क्या है मैंने तो, वादा कौन सा निभाया नहीं,
मर्ज़ी है मेरे महबूब की, आना तो था आया नहीं।

किस उम्मीद से हुस्न, ढाता है ज़ुल्म इश्क़ पर,
क्या शै है दीवानगी, किसी ने उसे बताया नहीं।

सितम की आग में जलकर, उभर के आते हैं आशिक़,
क्या ख़ाक करेगा इश्क़, किसी ने जिसे सताया नहीं।

तुझको क्या ए दिल उसी पत्थर से मोहब्बत होनी थी
अहल-ऐ-तल्ख़-मिज़ाज को किस जतन से मनाया नहीं।

घबरा रहे हो तुम फ़क़त सुनकर ही मेरी दास्ताँ,
अभी तो तुमको अपना, ज़ख़्म कोई दिखाई नहीं।

लुत्फ़ लेते हैं सुन सुन कर, पूछते हैं तभी बारहा,
वरना क्या चाहता हूँ, मैंने तो कभी छुपाया नहीं।

1) अहल-ऐ-तल्ख़-मिज़ाज: कटु प्रकृति वाले, 2) बारहा: बार बार

अनजानी गलियाँ

जाने क्यों कदम ख़ुद ब ख़ुद बढ़ जाते हैं, उन अनजानी गलियों
की तरफ़,
शायद उनसे कोई पुराना मेरा नाता है।

हर शख़्स जाना पहचाना सा लगता है,
जो भी कोई पास से, गुज़र के जाता है।

पल-पल निगाहें कुछ ढूंढ़ती सी लगती हैं,
लेकिन इन्हें कुछ, मिल नहीं पाता है।

इतनी अनजानी भी नहीं लगतीं ये गलियाँ,
जब वो हल्का धुंधला सा, मुस्कुराता चेहरा याद आता है।

यूँ लगता है वो पल अभी लौट आएंगे और,
हम फिर से प्यार के गीत गुनगुनाएंगे,

उलझन को उलझाने को वो चाँद भी नज़र आता है, झरने फिर
गीत गाते हैं।
यादों के आईने में वो मंज़र साफ़ नज़र आता है।

वो ख़्वाबों में अक्सर आती है, दिल उसे भूल नहीं पाता,
दिल मानता नहीं कि वो नहीं मिलेगी,

क्या कभी मिलेगी वो?
सोचकर आँखें भी भर आती हैं, जब दिल मेरा भर आता है।

फिर कलम उठाई है

लगता है कि ये, आख़िरी वक़्त-ऐ-तन्हाई है,
बहुत दिनों के बाद मैंने, फिर कलम उठाई है।

फिर बहेंगे अशआर में, तमाम भाव मेरे,
फिर निकलेगी बाहर, जो बात दिल में समाई है।

कर दूंगा मजबूर इतना, कि लोग ख़ुद कहेंगे,
समुंदर भी ताब न ला सके, कलाम में वो गहराई है।

जो हूँ मैं उसे छुपाना क्या, जो नहीं हूँ वो जताना क्या,
जीना है अपनी ज़िंदगी, अब ऐसी मन में आई है।

देर नहीं लगती 'बेख़ुद', जुल्मत को रौशन होने में,
ये इब्तदा है बदलाव की, मैंने एक मशाल जलाई है।

1) अशआर: दो या दो से अधिक शेर, 2) जुल्मत: अंधेरा

वो क्या जानें

वो क्या समझे हैं, तग़ाफ़ुल कीजै हम भूल जायेंगे उनको,
बेरूतबा शरार बने है आतश यूँ ही वो क्या जानें।

पलकें झुकती नहीं हैं, लिए रहती हैं अश्क़ जो टपकते नहीं हैं,
दुखते दिल की होती है क्या हालत वो क्या जानें।

वो क्या समझे हैं, किया जो यूँ तो ग़म-ए-इश्क़ से छूट जायेंगे,
आतिशे उल्फ़त है, बुझाइए जितना उतना जलजाएंगे क्या जानें।

इन सोज़-ओ-ज़ुल्मत से, 'बेख़ुद' भला क्या टूटेगा,
उठते हैं दिल में रोज़, क्या क्या अज़्म वो क्या जानें।

1) तग़ाफ़ुल: उपेक्षा, 2) अज़्म: इरादा

इंतज़ार करें कोई

क्यों अनजाने में मुझको, है क़त्ल करे कोई,
यूँ क़ातिल तबस्सुमों से, खेला करे कोई।

यूँ बला की ख़ूबाँ, दिखे है आज कोई,
कि तर्क-ए-शिक़वा-ए-तक़दीर करे कोई।

दिल चुराना किसी का, सीखे कोई आपसे,
यूँ हाथ में लेके दिल, तोहफ़े में दे कोई।

ज़ख़्म-ए-तेग-ए-जुल्फ-ए-हुस्न, कहाँ झेल पाए हर कोई,
फिर हाय घटा के छाने का, इंतज़ार करे कोई।

ना दीद हो उनकी, तो जिया कहाँ जाए है,
आँखों को मूंद कर फिर, दीदार करे कोई।

1) तबस्सुम: मुस्कुराहट, 2) तर्क-ए-शिक़वा-ए-तक़दीर: तक़दीर को दोष देना छोड़ना, 3) ज़ख़्म-ए-तेग-ए-जुल्फ-ए-हुस्न: ख़ूबसूरत जुल्फ रुपी तलवार के ज़ख़्म

कभी

वो एक बात तुझ पे नहीं खुल पाई हाय कभी,
कभी अटक गए लफ़्ज़ मेरे, फेर ली तूने नज़र कभी।

इस गुल से एक ख़ुशबू आशना सी आती है,
छुआ है इसने शायद तेरे गालों को कभी।

मेरे दिल को ख़बर तेरी मिल ही जाती है,
कोयल सुनाती हाल है, लाती सबा ख़ुशबू कभी।

बरसती हैं आज मेरी निगाहें तो क्या,
गिरेगा तेरी आँख से भी, एक आँसू तो कभी।

आसाँ नहीं है इतना, ऐसे भूलना मुझको,
देख लेना याद तुझको, मेरी आएगी कभी।

सबा: हवा

चैन आए

तेरे रूप का दीदार, कर लूँ तो चैन आए,

ख़्वाबों में तेरी छवि नज़र, आए तो चैन आए,

तेरे प्यार में दो आहें, भर लूँ तो चैन आए,

तेरी याद में ख़ुद को बेक़रार, कर लूँ तो चैन आए,

फिर अचानक तू पास मेरे, आए तो चैन आए,

तुझको जी भर के प्यार मैं कर लूँ तो चैन आए,

क़ैद तुझे आँखों में कर लूँ तो चैन आए,

तेरे रूप का दीदार कर लूँ तो चैन आए।

देखकर

कुल्फ़तें हैं दिल में कई, तो होंगी,
सब निकल जाती हैं, तबस्सुम-ए-रुख़सार देख कर।

ताकत कहाँ से लाऊँ इक और दीदार की,
ख़ुमारी में हूँ अब तक, उसे इक बार देखकर।

नहीं बना कोई, पैमाना-ए-हुस्न-ए-निगार,
दोगुनी ख़ूब-रू नज़र आती है, वो हर बार देखकर।

ये मय क्या चीज है, 'बेख़ुद' के आगे यारों,
वले छा जाता है नशा, निगाहेयार देखकर।

1) कुल्फ़त: तकलीफ़, 2) निगार: प्रियतमा, 3) ख़ूब-रू: हसीन चेहरे वाला

याद आ रही है

तेरे जाने के बाद, तन्हाई मुझको खा रही है,
दिल ने तुझे पुकारा है, तेरी याद आ रही है।

समझ गया हूँ बिन तेरे, कहीं ना और ठिकाना है,
सबने ने मुझे नकारा है, तेरी याद आ रही है।

ना गीत ना ग़ज़ल ना महफ़िल ना जाम,
कोई नहीं हमारा है, तेरी याद आ रही है।

लज़लराती ज़बाँ पर मुकर्रर है नाम तेरा,
अब एक यही सहारा है, तेरी याद आ रही है।

घाटी में, पर्वत पर, सहरा में, सागर पर
बस तेरा नज़ारा है, तेरी याद आ रही है।

फिर आज भिगोकर आवाज़ को, उम्मीद की शबनम में,
दिल ने तुझे पुकारा है, तेरी याद आ रही है।

बाज़ार

सब ने कहा बाज़ार चलो, अब बाज़ार चलना होगा,
अब देर हुई बहुत, अब बाज़ार चलना होगा।

मैं भी बैठा हूँ बाज़ार में,
दूर से देख रहा हूँ एक खरीदार आ रहा है,
कोई परिचित उसको बाज़ार का भाव बता रहा है...

यहाँ डॉक्टर बिक रहा है,
देखो अपने कोट में क्या बढ़िया दिख रहा है...

लेकिन इसके तो बाल उड़े हैं...
अरे बालों पर मत जाइए, यूँ सोचिए सस्ता मिल जाएगा,
और काम भी तो बढ़िया चल जाएगा, अपनी बेटी ख़ुश रहेगी,
दवा भी तो मुफ्त मिलेगी।

नहीं कुछ और दिखाइए...

इधर इंजीनियर पर बोली लगी है, बोली बीस पर आके खड़ी है,
पर इसकी माँ तीस पर अड़ी है।

अरे! क्या बात करते हैं, क्या ये भी इतना भाव रखते हैं?
ढूंढो तो हर गली में मिल जाएंगे, और तीस में तो दो-तीन आ
जाएंगे।

तो इस तरफ़ आइए, इधर आईटी एक्सपर्ट की दुकान है,
ये भारत में दो दिन का मेहमान है,
ना जाने आज, कल कब उड़ जाए,

बढ़िया हो जो अपना रिश्ता इससे जुड़ जाए...

ये तो महंगा आएगा, जो क़र्ज़ लिया है वो भी कम पड़ जाएगा,
जेब के मुताबिक कुछ बताइए, कुछ बढ़िया चीज़ हो तो दिखाइए।

ये सीए है, बेईमानी भी इमानदारी से करते हैं,
बड़े-बड़े चोर भी इनसे डरते हैं,
अच्छा कमाते हैं, बढ़िया लोग होते हैं,
क्लोज़िंग मन्थ को छोड़ दें, तो चैन की नींद सोते हैं।

बोलो भाई क्या दाम है...

मैं सकपकाया, सामने देखा तो उन्हें प्रश्नवाचक मुद्रा में मुझे देखते
पाया...
उन्होंने प्रश्न दोबारा किया, मैंने सोचने का इशारा किया,

सोच रहा था क्या बोलूँ, ख़ुद को किस तराजू में तोलूँ,

इस स्थिति में ख़ुद को कभी ना पाया था,
अपना दाम पहले, कभी ना लगाया था...

बोलो भाई दस-पन्द्रह कितना? मैं चुप था...
बातचीत करते हैं दाम बढ़ जाएंगे,
सेठ जी को तुम पसंद हो बीस तक भी पहुंच जाएंगे।

मैं चुप था, सोच रहा था क्या कोई मेरी कीमत लगा सकता है?
मुझे मोल ले जा सकता है?

दोनों बड़बड़ाते हुए चले गए।

मैं अब भी चुप था, मन ही मन कुछ निश्चय कर रहा था,

सौदे का नाम देकर, शादी को बदनाम नहीं करूँगा,
मैं अपना सौदा नहीं करूँगा।

गूंजती हुई आवाज़

आंगन नहीं है घर में, कि खेल सकें बच्चे,
लेकिन मैं बच्चों से, खुल के खेल पाता हूँ।

कमरे में चार से ज़्यादा लोग, नहीं आ पाते,
लेकिन अपने पैर मैं, पसार पाता हूँ।

सताया है अपनों को, गैरों की तसल्ली के लिए,
सबके ऊपर अपनों को, अब चुन पाता हूँ।

कुछ रिश्तों की सिलाई, हाँ उधड़ गई लेकिन,
कुछ ताने बाने, अब नए बुन पाता हूँ।

छत नीची है यहाँ, तो आवाज गूंजती नहीं है,
मगर सुकून में ख़ुद की आवाज़, अब सुन पाता हूँ।

याद क्यों आती है

जाने के बाद भी उनके, उनकी याद क्यों आती है,
जब भी भूल जाऊँ तभी, पुरानी याद क्यों आती है।

मुझको तो याद नहीं, जो नेक काम भी किये मैंने,
फिर वो एक लड़कपन की, नादानी याद क्यों आती है।

वो जिसको देख-देख कर, मैं बरसों जलता रहा,
जुदा तौर से वही, निशानी याद क्यों आती है।

फ़ाड़ दिए थे वरक जिसके ज़ीस्त की किताब से,
फिर आज वो भूली हुई, कहानी याद क्यों आती है।

नहीं समझ पाता सबब, सोज़-ऐ-याद का,
बूढ़े ज़ख़्मों की 'बेख़ुद', जवानी याद क्यों आती है।

1) ज़ीस्त: ज़िंदगी, 2) सबब: कारण

तो क्या

हमें तो हो गया, ज़माना रोके तो क्या,
हम तो करेंगे, इश्क़ है पागलपन तो क्या।

ख़ुशबू उनकी साँसों की, अब भी मेरी साँसों में है,
एक ज़माने से हुए नहीं, दीदार तो क्या।

ख़ुमार-ए-तसव्वुर-ए-मंज़िल में, चलता ही चला जाऊँगा,
सजदे में झुकी है, राह पुरख़ार तो क्या।

मैं तो हूँ मनमौजी, करूँगा अपने मन की,
समझ लो मुझे तो अच्छा, ना समझो तो क्या।

बाज़ी-ए-इश्क़ में, यूँ हार तो ना मानेंगे,
'बेख़ुद' हुए नाकाम हैं, कई बार तो क्या।

1) पुरख़ार: कांटों से भरी, 2) ख़ुमार: मदहोशी

सिफ़र

दिल लगाया दिल दिया, हाथ मेरे आया सिफ़र,
सब तमन्नाओं के बदले, मैंने बस पाया सिफ़र।

पहला कदम यूँ पड़ा, ख़्वाबों की मंज़िल की तरफ़,
दुनिया ने हँस- हँस कर, मुझको बतलाया सिफ़र।

चलता गया उस तरफ़, कुछ नज़र जहाँ ना आता था,
आख़िर मुझको रोशनी तक, लेकर आया सिफ़र।

जो मिला वो दे दिया, अब ग़म नहीं कि ग़म मिला,
अब अपने हिसाब में, निकल कर आया सिफ़र।

डर नहीं कुछ खोने का, ग़म नहीं कुछ जाने का,
ना चाह रही कुछ पाने की, जब से अपनाया सिफ़र।

सिफ़र: शून्य

वो आए

आज फिर दिल ने, आरज़ू-ए-दीदार-ए-यार की,
आज फिर हम, अंजुमन-ए-ख़यालात में हो आए।

उठती है नज़र, हर राहगीर की तरफ़,
शायद आज कोई, उसका पैगाम लाए।

दीवानगी है फ़ितरत, 'बेख़ुद' अजब इंसान है,
दिन भर गुफ़्तगू उसकी, फिर कहे ख़्वाबों में वो आए।

नेक इरादे, पाक दिल, मिलते हैं ऐसे लोग कहाँ,
किस्मत से मिला हूँ उसको, कोई उसको समझाए।

नहीं कोई उससे हसीन, ये बात तो जानीमानी है,
सितमगर भी नहीं बढ़कर, सारा जहाँ देख कर हम आए।

अंजुमन: महफ़िल

बात बने

जिस चमक से उनके रुख़ की, आफ़ताब जगमगाता है,
वो फ़िर नक़ाब से आगे, आए तो बात बने।

निगाह ऐसी कि जिससे, नशा नशे को हो जाता है,
वही नज़र मुझे आज, पिलाए तो बात बने।

जिस खिलखिलाहट के आगे, घुंघरू भी शरमा जाते हैं,
वो हँसी मेरे कानों में, बस जाए तो बात बने।

आवाज़ जिसकी सुनकर, वीणा ख़ुद बजने लगती है,
वो गीत मेरा कोई, गाए तो बात बने।

वो जिसकी शर्म के आगे, छुईमुई की शरम भी फीकी है,
वो देख कभी मुझको, शर्माए तो बात बने।

वो मल्लिका-ए-हुस्न, राज है जिसका मेरे ख़्वाबों पर,
मेरी ज़िंदगी में वो, आ जाए तो बात बने।

कि बस

नहीं मिसाल उसकी जो ख़ुद मिसाल है,
वो हुस्न-ओ-अदा और वो जमाल है, कि बस।

जी नहीं भरता जितना भी दीदार करूँ,
मना भी लूँ दिल को, तो चश्म बोले है, कि बस?

जाता हूँ दर पे अश्क़-ए-खूं की कसम उठाकर,
आज इनकार ना करें, आज वो इरादा है, कि बस।

ज़लील हुआ दिल, फिर से उसके पास जाता है,
वजह तो बस यही है कि, नहीं बस।

उल्फ़त है अदा-ए-सितम से यूँ 'बेख़ुद',
हार कर वो नाज़ आप ही कहे है, की बस।

चश्म: आँख

कुछ शेर - 4

31)

दिन का क़रार गायब है रात को नींद आती नहीं,

जागता रहता हूँ, इंतज़ार करता हूँ तुम्हें देखने का,

सोच में डूबा रहता हूँ, समझ नहीं पाता हूँ,

जीता हूँ तुम्हें देखने के लिए, या जीना कारण है तुम्हें देखने का।

32)

जो एक बार डूबे इनमें,

वो फ़िर बचने का नाम न ले,

चला जाए फ़िर डूबता वो, वो चीजें ये तेरी आँखें हैं।

मय के प्रेमी इनको देखें, तो मय का फ़िर वो नाम न लें,

जिन्हें देख मयकदे भी झूम उठें, वो चीज ये तेरी आँखें हैं।

33)

मैंने आवाज़ तो दी थी, पर शायद उन्होंने सुना नहीं,

ये सोच के दिल को तसल्ली दे लेता हूँ,

वो आएंगे किसी दिन, इसी आस के सहारे,

किसी तरह बस, ये दिन गुज़ार लेता हूँ।

34)

मैं कभी शायर तो नहीं था, तो क्यों कभी-कभी यूँ होता है,

कि लिखने से दिल को ठंडक सी मिल जाती है,

शायद ये मेरी मोहब्बत है,

जो हरफ़ बनके ज़बाँ पर आ ना सकी,
तो लफ्ज़ बनके कलम से निकल जाती है।

35)
दिल के मेरे दर्द की, वजह जो है इक वो तू है,
इस दिल के क़रार की दवा जो है इक वो तू है,
बिन तेरे सागर सा ये जीवन कट न पायेगा
मेरी ज़िंदगी बादबानी है, इसकी हवा जो है इक वो तू है।

36)
मैं तेरे बिन जीने की आदत डाल लूँगा,
ज़ख़्म दिल के मैं, सहने की आदत डाल लूँगा,
आँखों से अश्कों की बरसातें तो रुक ना पाएंगी,
लेकिन उन अश्कों को मैं, पीने की आदत डाल लूँगा।

37)
तुझ पे इल्ज़ाम कैसा, खता तो मैंने की है,
इक़रार तेरा नहीं था, मोहब्बत तो मैंने की है,
इंतज़ार में तेरे आहें भरती रातें, मैंने काटी हैं,
गुनहगार तू नहीं, पत्थर दिल से उम्मीद मोहब्बत की, तो मैंने
की है।

38)
जब से तुम से मोहब्बत हुई, हमें ये ज़िंदगी हमारी लगती है,
हर वक़्त ज़ेहन में तुम,
अब हमें तन्हाई भी प्यारी लगती है।

बादबानी: पाल वाली नाव

और भी हैं

न सोच रुकने की, तू किसी मंज़िल पे राही,
जो तेरे सुपुर्द हैं, ऐसे कुछ काम और भी हैं।

मर-मर के जीने से तो कुछ हासिल नहीं होगा,
तू ढूंढ जीने के, शानदार बहाने और भी हैं।

यादों की घाटी से बाहर तो आ, दुनिया बहुत हसीन है आगे,
तकते हैं तेरी राह जो, पुरकैफ़ नज़ारे और भी हैं।

जब किस्से फ़ना होते हैं, जुड़ते हैं किस्से और भी,
जो हैं तेरी तलाश में, अधूरे फ़साने और भी हैं।

भर-भर के सबका प्याला, आगे ही चला चल 'बेख़ुद',
प्यार तेरे पास बहुत है, ज़रूरतमंद और भी हैं।

मैं कहाँ मैं रहा

मैं गाऊँ ना मैं लिखूँ ना, तो मैं कहाँ मैं रहा,
जो सोचता हूँ वो दिखूँ ना, तो मैं कहाँ मैं रहा।

हाँ ख़्वाब देखता हूँ, मैं तसव्वुर से लिखता हूँ,
पर एहसास को भी लिखूँ ना, तो मैं कहाँ मैं रहा।

या तो पता ही ना हो, सही ग़लत में अंतर,
जान कर भी फर्क कर सकूँ ना, तो मैं कहाँ मैं रहा।

मैंने, मैं रहने के लिए खोया है बहुत कुछ,
ग़र बदल जाऊँ जो बिकूँ ना, तो मैं कहाँ मैं रहा।

होली

होली आई रे
होली आई रे,
द्वेष, बैर मन से मिटाने,
प्रेम द्वीप चहुँ ओर जलाने,
होली आई रे।

देखो आज कोई,
बचके न जाने पाए,
ऐसा पक्का रंग लगाना,
उम्र भर न छूट पाए,

रंग प्यार के, विश्वास के,
दया के त्याग के, उजले रंग,

होली के इन रंगों से निहलाना सबको,
ये होली नए रंगों से, मुबारक हो सबको।

जन्मदिन की बधाई

जो फूलों सी ख़ूबसूरत है, जो यह पढ़ कर हैरान है,
जिस लड़की की सादगी ही उसकी पहचान है,
उसको जन्मदिन की बहुत बहुत बधाई।

जिसकी आँखों में मोतियों की चमक है,
आवाज़ में मिसरी का घोल है,
उस प्यारी सी लड़की को जन्मदिन की बधाई।

साल बीतते गए पर उसके रुख़ की रौनक बरकरार है,
जो नहीं जानती की उसकी मुस्कुराहट ही सब बाग़ बहार है,
उस अनजान सी लड़की को जन्मदिन की बधाई।

मेरी दुआ है उसके पंख और मजबूत बनें,
वो और ऊँचायी पे उड़ती जाये,
सब ख्वाब पूरे हों उसके, हर मुश्किल से वो लड़ती जाये,
वो ऐसे ही मुस्कुराती रहे, वो यूँ ही गुनगुनाती रहे।

जो सिर्फ मेरे लिए ही गाती है,
उस सुरीली लड़की को जन्मदिन की बधाई।

बल्बों की लड़ी

एक लड़ी थी बल्बों की।

वही जो दिवाली या नव वर्ष पर लोग लगा लेते हैं घर की छतों पर। त्यौहार के बाद उतार कर रख देते हैं, लेकिन संभाल कर रखते हैं। साल दर साल निकालते हैं संदूक से, और फिर से घर को संवार लेते हैं।

जब कभी नया कमरा बनता है घर में, तो लड़ी भी बढ़वा लेते हैं। नए बल्ब, कुछ कभी अलग रंग के, अलग नाप के, लेकिन उसी में जुड़वा लेते हैं।

इसी तरह एक से एक जुड़कर लड़ी लंबी होती जाती है। सभी बल्ब एक तार से बंधे होते हैं, कुछ मुंडेर पर कील से अटकते हैं, कुछ नीचे की ओर लटकते हैं, और सब मिलकर बहुत सुंदर लगते हैं।

केवल नए बल्ब ही नहीं जुड़ते, बल्कि ख़राब हो चुके बल्ब बदल भी दिए जाते हैं। बदल दिए जाते हैं, नए, अलग-अलग रंग, और अलग-अलग नाप के बल्बों से।

नए बल्ब सबको अच्छे लगते हैं। नए रंग, ज़्यादा रोशनी, बहुत मनमोहक लगते हैं।

मैं भी एक लड़ी में एक बल्ब था, एक पुराना बल्ब।

अगल-बगल के बल्ब बदलते रहे, लड़ी लंबी होती गई, और नई होती गई। कई बार थोड़ा तक़लीफ़ भी हुई जब देखा, कि सब नए बल्बों की ही बात कर रहे हैं, और प्रशंसा कर रहे हैं। फिर नए सारे बल्ब आपस में बहुत घुल-मिल गए थे। आपस में ही बात करते और मस्त रहते थे।

लेकिन सदा मन को यह तसल्ली थी की पूरी लड़ी की रोशनी तो बढ़ी ही है।

कई बार कुछ बल्ब इतने पसंद आ जाते हैं, कि ख़राब होने पर भी बदले नहीं जाते। उनका रंग रूप होता ही ऐसा है कि ख़राब होने पर भी उनकी पुरानी चमक याद आती है, और वह बदस्तूर लड़ी में बने रहते हैं।

जहाँ तक मेरी बात है, मैं अब भी रोशनी दे रहा हूँ। लगातार जल रहा हूँ।

लेकिन अगल-बगल के बल्ब बदल गए हैं। कुछ सिर्फ़ इज़्ज़त देते हैं बात नहीं करते, कुछ इतना भी नहीं करते। लेकिन लड़ी जल रही है।

ऐसा नहीं की सारे बल्ब बदल गए हैं। दूर-दूर पर कुछ पुराने बल्ब भी हैं। जिनसे कई बार दूर से ही नमस्ते हो जाती है। लेकिन अब उनके पास आने की गुंजाइश नहीं है।

हाँ, कई बार सोचता हूँ कि इस लड़ी से निकल जाऊँ, और इसको और बेहतर बनने दूँ।

लेकिन फ़िर हर बार महसूस होता है, कि मेरे निकलते ही तार टूटेगी, और लड़ी बिखर जाएगी।
समझ नहीं आता, मेरा निकल जाना बेहतर है या बने रहना।

हालांकि, अब तक लड़ी चमक रही है, मैं लड़ी में बना हुआ हूँ, और जल रहा हूँ...
बार-बार... लगातार।

माँ

एक अबोध बालक को जीवन सिखलाती है,
उसको अपनी आँखों से दुनिया दिखलाती है,
एक नन्हे से जीवन को बगिया बनाती है माँ,
उसको संस्कारों से सींच कर इंसान बनाती है माँ।

कष्ट सहकर भी बच्चों को ख़ुशी देने में मिलता जिसको आराम है,
उस ईश तुल्य आकृति का माँ नाम है।

माँ तेरे दिल की कोई ताब ला नहीं सकता,
तेरे उपकार गिनना भी चाहूँ तो गिन नहीं सकता,

जब भी लड़खड़ाया मैं, मुझको तेरा सहारा था,
भटका जब कभी, तो मुझको राह दिखाने को वहीं तेरा एक इशारा था,
माँ जब भी मैंने आँख मूंद कर, प्रभु दर्शन अभिलाषा की,
वहां नूर ही नूर था, और तेरा नज़ारा था।

जब भी मैं गिरा मुझको उठाया तुमने,
मैं मैला था फ़िर भी, गले लगाया तुमने।

निरंतर प्रेरित करता है वो एहसास हो तुम,
हर चोट सहलाए जो, वो हाथ हो तुम,

मैं जानता हूँ माँ, सदा मेरे साथ हो तुम।

काश मैं इसकी माँ होता

काश मैं इसकी माँ होता,
जब जागता ये तो जागता मैं,
जब ये सोता तो मैं सोता,
काश मैं इसकी माँ होता।

भूख लगती तो ये रोता मुझको देखके,
और मुझको ही देखके ख़ुश होता,
मैं ही इसकी पूरी दुनिया होता,
काश मैं इसकी माँ होता।

चाहे गुस्सा दिखाता मुझको ही
या इतराता मेरे ही सामने,
ये बस मुझ पर ही फ़िदा होता,
काश मैं इसकी माँ होता।

कातर आँखों से देखता मुझको हर वक़्त,
डाँट भी खाता मुझसे तब भी,
मेरी ही गोद में सोता,
काश मैं इसकी माँ होता...

सुनामी

(सन 2004 में अंडमान में सुनामी आने के बाद मेरा मन बहुत व्यथित था और तब मैंने यह कविता लिखी थी)

कल बच्चे खेलते थे जहाँ,
अब कोई दिखाई नहीं देता,

कल पक्षियों का कलरव था,
अब क्यों सुनाई नहीं देता,

कल जीवन अठखेलियाँ करता था जहाँ,
अब वहाँ मुर्दनी छाई है,

कल यहाँ सुनामी लहरें आई हैं।

जिस उर्मि से खेला करते थे सभी,
वो रौद्र रूप लेकर आई, और सब कुछ लील गई,

बच्चे, माँ, बाप सब बिछड़े, गांव के गांव हैं उजड़े,
तट पर छाया है सन्नाटा।

ख़त्म हो गए खेल सारे, वो खेल कुछ ऐसा खेल गई।

रोज़गार कारोबार सब छूटा,
घर, स्कूल, अस्पताल, दिल... सब टूटा।

कज़ा की दूत बनके, उदग्र लहरें आईं...
और उसी रास्ते चली गईं...

मौत मगर हर मोड़ पर अपने निशाँ छोड़ गई।

कितनी ही विशाल क्यों न हों लहरें,
विश्वास से ऊँची नहीं होतीं,

जहाँ होती है जिजीविषा, विरानगी देर तक नहीं रहती।

कुछ हाथ मदद को आगे आए,
हाथों से फिर कुछ हाथ जुड़े,
जुड़ते रहेंगे हाथ तो, विश्वास सदृढ़ हो जायेगा,

उदासीनता से उदित होगी आशा,

जीवन फिर वापस आएगा,
जीवन फिर वापस आएगा।

ऑफिस

(कोविड के समय जब सब घर से काम कर रहे थे तो ऑफिस को
याद करते हुए मैंने यह कविता लिखी थी)

हाँ सब बढ़िया चल रहा है, लेकिन
ऑफिस की याद तो आती है...

अदरक तुलसी डाल के,
कितनी भी चाय पी लूँ, लेकिन
Machine वाली कॉफ़ी की याद तो आती है...

बच्चों के साथ समय बिताया,
खेला ख़ूब उनके साथ, लेकिन
ऑफिस की वो गपशप तो याद आती है...

दरवाज़ा बन्द करके, बच्चों को चुप कराके,
Call तो attend कर ली, लेकिन
जो Board room से करते थे, उन मीटिंग्स तो याद आती है...

बारिश का मज़ा भी लिया मैंने
ठंडी हवाएं, खिलते फूल, लेकिन
Desk पे रखे पौधे की याद तो आती है...

हाँ सब बढ़िया चल रहा है, लेकिन
ऑफिस की याद तो आती है...।

आलाप के विचार

(मेरा बड़ा बेटा आलाप जन्म के बाद तीन हफ़्ते तक ICU में रहा
था। जब वह 22वें दिन मेरे पास आया तो मैंने यह सोच कर, कि
हम सब से मिलकर वो क्या सोच रहा है, यह कविता लिखी थी)

कहाँ आ गया हूँ मैं, और कौन ये सब लोग खड़े हैं,
सब जाने किस भाषा में, बड़ बड़ कर मुस्कुरा रहे हैं,
समझ नहीं आता ये मुझको, हँसाते हैं या डरा रहे हैं।

यह कौन है जो मुझको बिलकुल मेरे जैसा दिखता है...
पोले गाल और बिना बाल के, मुझे देख के हँसता रहता है,
खूब खिलाता है मुझको लेकिन, औरों को डपटता रहता है,
गोद में लेके मुझको, खुद को, मेरा दादा कहता है...।

और यह जिसको सब मेरी दादी कहते हैं,
मुझको कभी कभी ये समझ नहीं आती है,
कभी हाथ में लेके मुझको खूब ख़ुश हो जाती है,
कभी फिर कुछ सोच कर धीरे से रोने लगती है...

यहाँ सब लोगों का खूब ध्यान भी रखती है,
फिर किसी बात पर डाँटने भी लगती है...,
सोचता हूँ दादी को भी मैं पटा लूँगा,
ऊपर से कड़क है लेकिन मुझको भोली लगती है...।

यह जो मुझको अपने सीने से लगाये रहती है,
मधुर आवाज़ में खुद को मेरी मम्मी कहती है,
देख कर इसको मैं खुश हो जाता हूँ,
लेकिन समझ नहीं आती मुझको ये कहानी है...

इस चेहरे को पहली बार है देखा...,
पर ये धड़कन जानी पहचानी है।

हाथ में लेके जब वो मुझको 'मेला बेबी' कहती है,
जाने क्यूँ मेरा भी मुस्कुराने को मन करता है,
जब कभी वो प्यार से मुझको थपकी देती है,
रोते रोते भी मेरा सो जाने को मन करता है...

भूख लगते ही मुझको खाना देती है,
पेट दर्द होते ही सहलाने भी लगती है...
कैसे पता चल जाता है इसको ये सब...
मुझको तो ये कोई जादूगरनी लगती है...।

एक यह शख़्स जिससे मुझको बहुत डर लगता है,
मेरे पास आते ही, कुछ गुनगुनाने लगता है...
इसकी बातें सुन कर मैं काँप सा जाता हूँ...
सिंगर डांसर पोएट क्या बनूँगा सोच में पड़ जाता हूँ...।

डाँट खाता है दादी से और सबको भाषण देता है...
मेरे सर पे हाथ फेर के, खुद को पापा कहता है...।
लेकिन ये हमेशा मम्मी के पीछे पीछे ही आता है...
सही है, 'पा' तो सरगम में भी 'मा' के बाद ही आता है।

यह दो लोग मेरे नाना नानी कहला रहे हैं...
मुझको मामा मामी और एक शैतान लड़के से मिला रहे हैं...
जाने क्यूँ इतने ख़ुश हैं ये सब... सबको बधाई दिए जा रहे हैं,

शायद इन सब लोगों से मेरा गहरा कोई नाता है...
मामा में माँ भी तो दो बार आता है...।

और यह जो इतने सारे चाचा बुआ मामा मौसी, झुण्ड में खड़े हैं...
मुझे खिलाने को कैसे अड़े पड़े हैं,

इनको देख के लगता है की अभी खड़ा हो जाऊँ,
भागूं इनके पीछे और इनको अपने पीछे भगाऊँ,
और अपनी हरकतों से, सबका फेवरेट बन जाऊँ।

अच्छा लग रहा है सबसे मिल कर...
जान रहा हूँ परिवार होता है क्या...

अभी तो कुछ दिन ही हुए हैं सब से मिले हुए,
आगे आगे देखिये होता है क्या...

आलाप

(मेरे बेटे आलाप के नाम का वर्णन करती हुई यह कविता)

हर सुर में बसा हूँ मैं, मैं हर धुन की जान हूँ।
सरगम का सौंदर्य हूँ, हर गीत की पहचान हूँ।

गीतकार अपने तराने को, मुझसे ही सजाता है।
हर राग का आदि और अंत, मुझसे ही संवारा जाता है।

मैं संगीत का अंतर्मन से मिलाप हूँ,
हर दिल में मिठास जो घोल दे... मैं वो 'आलाप' हूँ।

अलंकार

(मेरे छोटे बेटे अलंकार के नाम का वर्णन करती हुई यह कविता)

मैं फूल हूँ आपकी बगिया का, जीवन महकाने आया हूँ।
मैं अपनी मुस्कुराहट से, सबको लुभाने आया हूँ।

मैं भाषा का श्रृंगार हूँ, जीवन कविता सुनाने आया हूँ,
मैं राग का सौंदर्य भी हूँ, अद्भुत गीत बनाने आया हूँ।

मैं आलाप के साथ मिलकर, सब पर छा जाने आया हूँ,
मैं 'अलंकार' हूँ, अपने आप से, आपको सजाने आया हूँ।